JN077208

ポジティブ&リフレクティブな子どもを育てる授業づくり

「学びに向かう力」を発揮し、協働的に学ぶエデュスクラム

中田正弘 編著

稲垣桃子・酒井淳平・坂田哲人・村井尚子・矢野博之・山辺恵理子・山本剛己 著

はじめに

オリンピックイヤーとして幕を開けた令和２年でしたが、新型コロナウイルスの感染拡大に伴い、社会経済活動は大きな制約を受けることになりました。もちろん学校教育もです。学校は長期の休校を余儀なくされ、子どもたちの学力保証やストレスのケア等は、重要な課題となりました。オンライン等の活用、そして分散登校による少人数の授業などにより、教育活動は徐々に再開されましたが、長期的な対応の必要性から、「新しい生活様式」の下での学校教育のあり方が模索されています。

本書は、学校教育がこのような想定外の危機に直面している状況の中での出版となりました。しかし“ポジティブ&リフレクティブな子どもを育てる”という本書のタイトルは、いつの時代にあっても、どんな状況にあっても多くの先生方が目指す教育・授業づくりと軌を一にしているのではないかと考えています。

本書は、２巻シリーズでの刊行です。第１巻は、子どもたちの学校生活を支える「学級づくり」に焦点を当て、本年６月に先行して出版しました。そして、第２巻は、学校教育の中心的課題である「授業づくり」に焦点を当てています。この中で、オランダで出会ったeduScrum（エデュスクラム）を紹介しています。エデュスクラムは課題解決的な学習と親和性が高く、学びの質を保ちながら、ポジティブに、リフレクティブに、そして協働的に学習に取り組んでいく際に、とても効果を発揮する学習ツールです。今回、念願叶って紹介できる運びとなりました。

ところで、2017年に改訂された学習指導要領は、これからの教育として、教科等の学びを通じて、子どもたちに３つの資質・能力を育んでいくことを求めました。「知識及び技能」「思考力、判断力、表現力等」

「学びに向かう力、人間性等」です。そして、３つ目の「学びに向かう力、人間性等」は、他の二つの資質・能力をどのような方向性で働かせるかを決める資質・能力であるとされました。いかに人工知能が発達しようとも、様々な状況の中で問題を柔軟に受け止め、主体的、創造的、そして協働的にその解決に向かっていくのは人間です。私たちは、3つ目の資質・能力「学びに向かう力、人間性等」を、人工知能では代替できない「人間としての力」と捉え、その育成こそがこれからの学校教育の重要な課題であると考えました。まさにそれは、想定外の危機にも立ち向かっていこうとする力であると考えます。

そこで、子どもたちが、自律的な学習者として学びに向かっていける力を育てていくことが、これからの教育で重要であるとの思いの下、その研究や実践に積極的に取り組んでいる仲間と本書を執筆しました。

また、本書でエデュスクラムを紹介することについて、開発者であるウィリー先生は快く了解してくださり、特別寄稿を寄せてくださったり、メール等でアドバイスをくださったりしました。そして、私たちがオランダを訪問したり、ウィリー先生と相談したりする際には、いつもユリアナ・コグレさんのお力をお借りしました。お二人の力強いご支援がなければ本書はできあがりませんでした。厚く御礼申し上げます。

そして、第１巻に続き、第２巻の出版にあたっても、学事出版の二井豪さんに全面的にご支援いただきました。心より感謝申し上げます。

本書が、先生方のお手元で少しでもお役に立てれば、望外の喜びです。

2020年８月４日

執筆者代表　中田正弘

「学びに向かう力」の用語について

本書では、学習指導要領に関連して記述する場合には、その趣旨を踏まえ、原則として「学びに向かう力、人間性等」と表記しました。ただし、表題や小見出し、あるいは本文等で「学びに向かう力」と表記している個所がありますが、これらも同様の趣旨で使っています。

目　次

編著者紹介

中田 正弘（なかだ・まさひろ）
［1章－①、3章－②、4章－①・②］

白百合女子大学人間総合学部初等教育学科教授

東京都生まれ。東北大学大学院教育学研究科後期博士課程修了。博士（教育学）。帝京大学大学院教職研究科教授を経て、2020年４月より現職。専門は社会科教育、教師教育学、教育課程経営論。2017年版学習指導要領（小学校社会科）等の改善に係る検討に必要な専門的作業等協力者。主な著作は、『リフレクション入門』（共著、学文社、2019年）、『小学校　新学習指導要領ポイント整理　社会』（共著、東洋館出版社、2017年）、『ステップ解説社会科授業のつくり方』（共著、東洋館出版社、2014年）など。

執筆者一覧（五十音順）

稲垣　桃子（いながき・ももこ）
［3章－④］

立命館宇治中学校・高等学校教諭

同志社大学文学部卒業。国語科教諭。現在、高校３年生を担任。探究のカリキュラム実践を教科の取り組みとつなげながら進めている。

酒井　淳平（さかい・じゅんぺい）
［3章－④］

立命館宇治中学校・高等学校教諭

京都教育大学大学院修了。数学科教諭。現在、高校３年生の学年主任・研究主任として、探究のカリキュラム開発・実践をとりまとめている。著書に『中学校新学習指導要領の展開　特別活動編』（共著、明治図書、2017年）等。

坂田　哲人（さかた・てつひと）
［3章－①］

大妻女子大学家政学部専任講師

慶應義塾大学大学院政策・メディア研究科後期博士課程単位取得満期退学。修士（政策・メディア）。専門は人材開発、教師論・保育者論。主な著作は『リフレクション入門』（共著、学文社、2019年）、『ワードマップ「コミュニティ心理学」』（共著、新曜社、2019年）、『現代の教育改革と教師』（共著、東京学芸大学出版会、2011年）など。

村井　尚子（むらい・なおこ）
［2章－①］

京都女子大学発達教育学部教授

京都大学大学院教育学研究科修了。専門は教育哲学、現象学的教育学、教師教育。訳書に『生きられた経験の探究――人間科学がひらく感受性豊かな“教育”の世界』（マックス・ヴァン＝マーネン著、ゆみる出版、2011年）。

矢野　博之（やの・ひろし）
［2章－②］

大妻女子大学家政学部教授

東京大学大学院教育学研究科総合教育科学専攻学校教育開発学コース博士課程単位取得満期退学。修士（教育学）。専門は教師教育・教員養成、教育方法、学校教育論。主な著作は『リフレクション入門』（共著、学文社、2019年）、『新・教職入門』（共編、学文社、2014年）など。

山辺　恵理子（やまべ・えりこ）
［1章－②、 2章－③、 4章－①］

都留文科大学文学部講師

東京大学大学院教育学研究科博士課程修了。博士（教育学）。専門は教育哲学、教師教育学、教育の倫理。主な著作は『ひとはもともとアクティブ・ラーナー！：未来を育てる高校の授業づくり』（共編著、北大路書房、2017年）、『リフレクション入門』（共著、学文社、2019年）など。

山本　剛己（やまもと・ごうき）
［3章－③］

江戸川区立春江小学校主任教諭

創価大学文学部人間学科卒業。社会科教育を専門に実践・研究を進め、校内では、研究主任として、学校全体で授業改善に取り組んでいる。著書『板書で見る全単元・全時間の授業のすべて 社会 小学校５年』（分担執筆、東洋館出版、2019年）。

1
子どもたちの資質・能力を育む教育の実現に向けて

資質・能力を育む授業デザイン

──ポジティブでリフレクティブな子どもを育てる授業をつくるために──

第１巻では、「学びに向かう力」と関連付けながら、「ポジティブでリフレクティブな子ども」の姿が、意欲的に学習に取り組んだり、はつらつと学校生活を送ったり、経験を通じて様々なことを学び取ったりしながら成長していく子どもたちのイメージと重なることを述べました。

このような子どもたちを育てていくには、学級づくりに加え、授業づくりの面からもその在り方を検討し、実践につなげていくことが大切であると考えます。なぜなら、子どもたちの学校生活の多くは“授業への参加”であり、その中には、粘り強く課題解決に取り組んだり、友達と力を合わせたり、工夫して表現したりするなど、自分自身を発揮ながら学んでいける場面が豊かにあるからです。逆に言えば、ポジティブでリフレクティブな学習者の育成は、「学びに向かう力」を存分に発揮しながら学習に臨んでいけるような授業づくりを通じて実現すると考えています。

まず本章では、新しい学習指導要領が目指す授業イメージを明らかにしたいと思います。

(1) 学習指導要領が目指す授業イメージ──図で考えてみる──

2017年告示（高等学校は2018年告示）の学習指導要領（以下「2017学習指導要

領」と言う）で、もっとも関心の高いキーワードは、「主体的・対話的で深い学び」と言っていいでしょう。それは、とりもなおさず、日々の授業に直結するからです。では、それはどのような学びを実現することなのでしょう。また、学びに向かう力と「主体的・対話的で深い学び」はどのような関連があるのでしょう。

小・中・高等学校の学習指導要領に示された各教科等の目標を基に、資質・能力の育成を目指した授業のイメージについて、考えてみます。

図1では、下部に各教科等で扱う「内容」を示してあります。この指導を通じて、「目標」の実現を目指すわけですが、このスタイルは、これまでと変わりません。しかし、目標の末尾に「資質・能力」と加わりました。では、この資質・能力とは何でしょう。

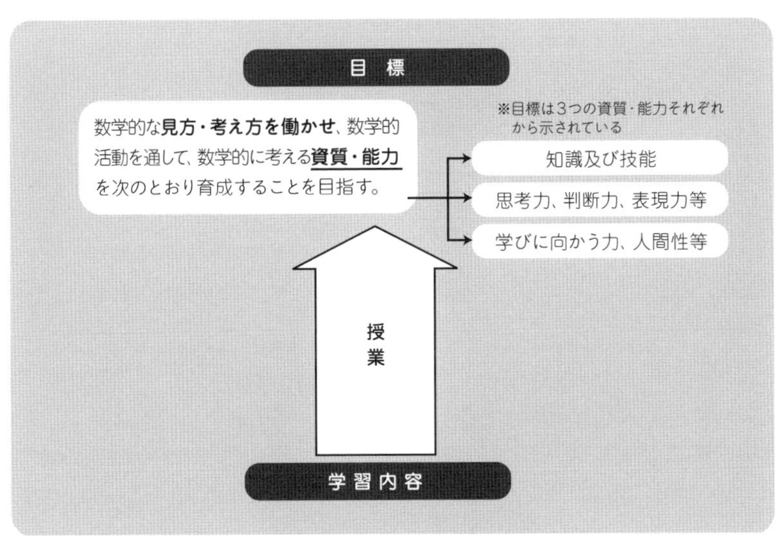

図1　学習指導要領が目指す授業イメージ1（小学校算数を例に）

図1の右上を見ていただくとわかるように、育成すべき「資質・能力」は、「知識及び技能」「思考力、判断力、表現力等」「学びに向かう力、人間性等」の3つで示されています。そしてこれらは子どもたちが学びに取り組むプロセスを通じて身に付けていくものと考えることができます。

そうなるとこれまでの授業とは少し組み立て方や指導方法を変えていく必要がでてきます。そして、この授業改善の先に、主体的・対話的で深い学びの実現があるわけです。

図2を見ていただくと中段に、**授業改善の視点として、見方・考え方と学習過程・活動**が入っています。

つまり、教科等ごとの特質に応じた見方・考え方を働かせながら、例えば、図2では数学的活動を通して学習を進めることで、学びが「主体的、対話的で深い学び」につながっていくという考え方です。

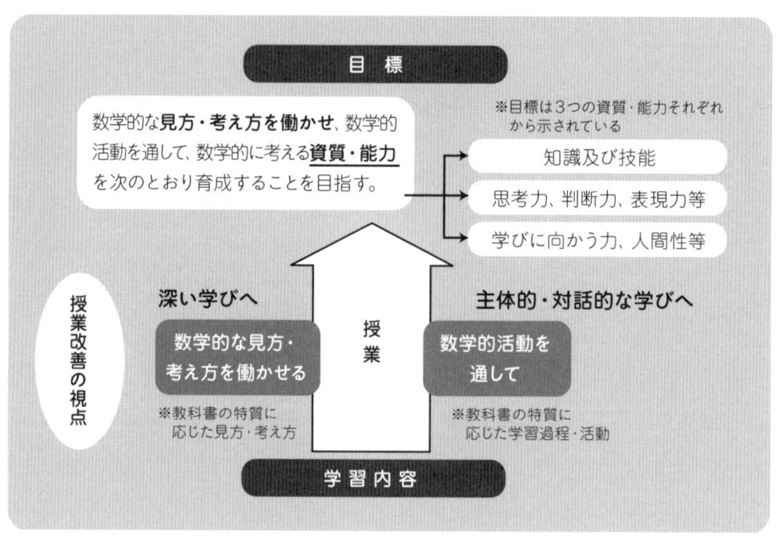

図2　学習指導要領が目指す授業イメージ2（小学校算数を例に）

2016年中央教育審議会答申「幼稚園、小学校、中学校、高等学校及び特別支援学校の学習指導要領等の改善及び必要な方策等について」（以下「2016答申」と言う）によると、物事を理解するために考えたり、具体的な課題について探究したりするにあたって、思考や探究に必要な道具や手段として資質・能力の３つの柱が活用・発揮され、その過程で鍛えられていくのが「見方・考え方」であり、それは教科等を学ぶ本質的な意義の中核をなすものとして、教科等の教育と社会をつなぐものと言えます。「見方・考え方」は、働かせることで鍛えられ、鍛えられることで、活用できるものになるということが言えそうです。

(2) 知識も資質・能力？

「資質・能力」と聞くと、どのようなイメージを持つでしょうか。「あれっ、知識も資質・能力なの」と感じる方もいるかもしれません。そもそも「資質・能力」とはどういう意味なのでしょう。

2015年８月に、教育課程企画特別部会の「論点整理」がまとめられ、資質・能力の育成を目指した学習指導要領作成に向けた作業が加速していきますが、その直前の2015年３月に、国立教育政策研究所より『資質・能力を育成する教育課程の在り方に関する研究報告書１～使って育てて21世紀を生き抜くための資質・能力～』という報告書が出されています。本報告書は、21世紀に求められる資質・能力を育成する教育課程の在り方という、教育の根幹にかかる問いに対して研究的知見を提供する内容となっています。

本報告書では、「資質・能力」を次のように定義しています。

●資質・能力と教科等の知識は、まずは分けて考えた方が、教育は構想しやすいでしょう。なぜなら、資質・能力は、対象が変わっても機能することが望ましい心の働きだからです。いわゆる「内容知」と「方法知」とを分けて考えると、資質・能力は、内容についての「学び方」や「考え方」に関するものですから、「方法知」に近いものだと言えます。

●「方法知」だと捉えると、資質・能力の教育は、内容（知識）の教育を軽視することになるという疑問が生まれるかもしれません。しかし、方法知は内容をより深く学ぶことに使えますし、そうすることで方法知自体も育てられます。このらせん的深化 が、資質・能力教育の一つの目標です。

この定義からすると、資質・能力とは、内容をより深く学ぶことに使う「方法知（学び方や考え方など）」に近いものと捉えることができますが、「方法知」は、内容を伴った学びを通じてこそ鍛えられるものでもあります。こうしたことから、「方法知」と「内容知」を一体的に資質・能力として捉えていると考えられます。そして、2017学習指導要領では、「知識及び技能」「思考力、判断力、表現力等」「学びに向かう力、人間性等」が、子どもたちに育みたい３つの資質・能力として定義されたわけです。

(3) 資質・能力の育成と主体的・対話的で深い学びの実現

2019年に文部科学省が出した英語版のパンフレットや学習指導要領の英訳（仮）を見ると、主体的・対話的で深い学びは、次のように表記されています。

proactive, interactive, and authentic learning

この表現を見ると、「主体的」がアクティブやインディペンデントとは違うこと、「対話」が単なるグループでの話し合いではないことなどが分かります。さらに、深い学びが、「学ぶ」「分かる」に対して「よりよく学ぶ」「よく分かる」などという学習の仕方の段階的な違いを単純に表しているわけではないことが分かります。

「主体的・対話的で深い学び」の実現のカギはどこにあるのでしょう。2017学習指導要領の解説書等からも、授業デザインの着眼点につながるようなキーワードを検討し、それらを手掛かりにしながら、「主体的・対話的で深い学び」を実現する授業デザインについて考えてみたいと思います。それは、ポジティブでリフレクティブな子どもたちを育てていくことにつながる授業を創造していくことでもあります。

・主体的な学びは、“単元（題材）で実現する”という発想が欠かせない

「主体的な学び」の実現に向けて、どのような点に着目したらよいでしょうか。

> 学ぶことに興味や関心を持ち，自己のキャリア形成の方向性と関連付けながら，見通しをもって粘り強く取り組み，自己の学習活動を振り返って次につなげる「主体的な学び」が実現できているかという視点
> （2017学習指導要領 解説 総則編）

「主体的な学び」とは、子どもたちが、学習対象への興味や関心を高めながら、目的と見通しを持ち、追究のプロセスで、自分たちは今、課題解決のどこにいるのか、どこまでできたのかという振り返りをしながら、次のステップを修正したり改善したりして学んでいくことと言えそうです。

主体的な学びを実現するために提案したいのは、次の２点です。

①　単元（題材）で育てるという発想を持ち、導入を豊かにすること

教師は授業を実施するにあたり、目標を明確にし、指導計画や毎時間の指導のねらいを設定していきます。このことは**図３**の２枚の絵に共通しています。しかし**図３上段**は、目標や指導計画などは教師のみが把握し、子どもたちには教師から一方的に学習内容が提供されます。この場合、子どもたちは、見通しをもったり、学習の進み具合を振り返ったりする必要はなく、主体的に学ぶという状況にはなりにくいと言えます。

一方、**図３下段**は導入の段階で子どもたちの興味・関心を高め、何を目的に、どのように授業を進めていくかということについて教師と子どもたちで共有していきます。この学習スタイルでは子どもたちが主体性を発揮しやすくなります。そして何よりも課題そのものが子どもたちの内発的動機付けを促すようなものであることが期待されます。

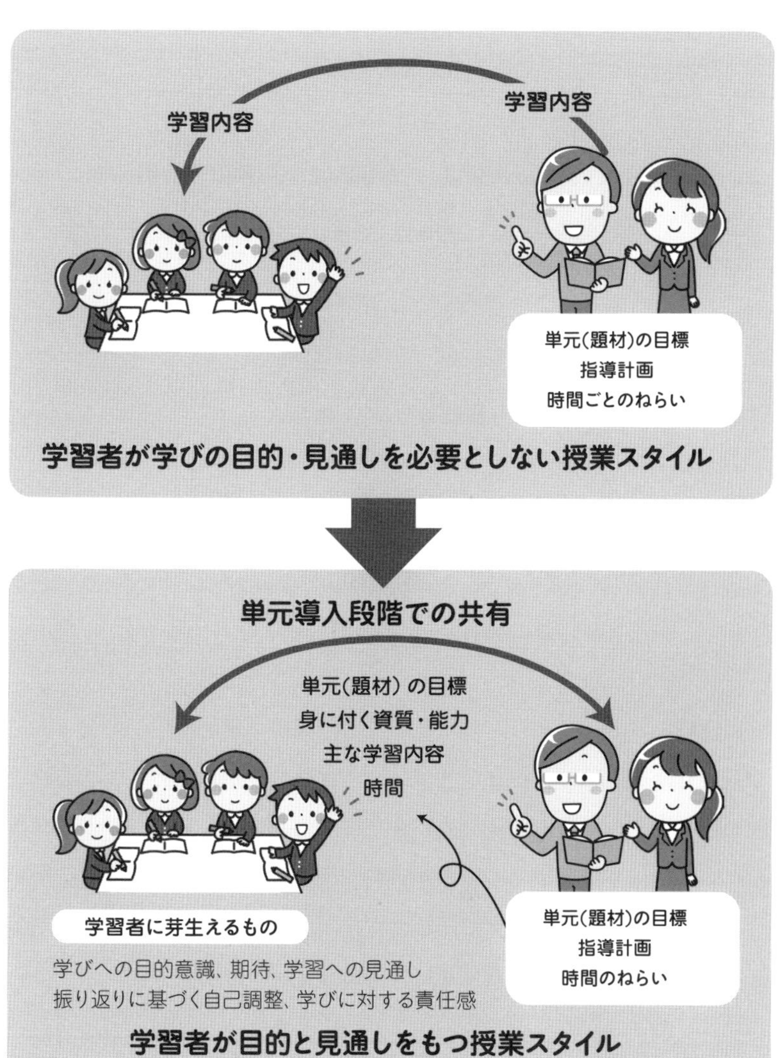

図３　単元（題材）の導入を豊かにする授業デザイン

② 授業終末では、2方向の振り返りが有効

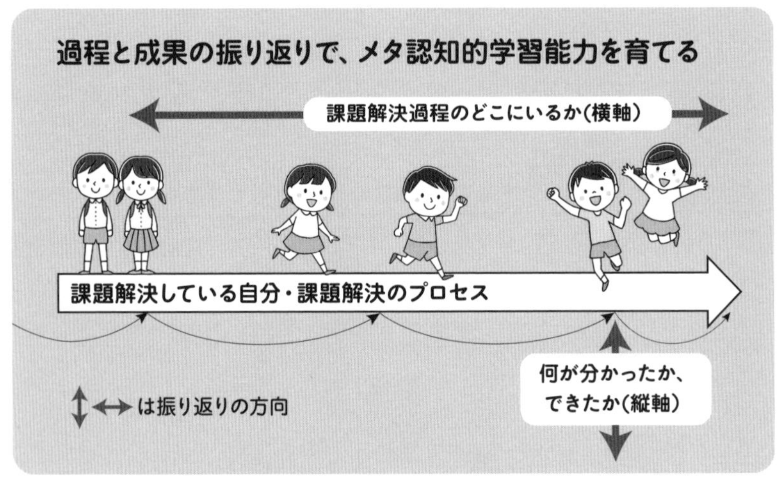

図4　子どもたちによる学習における過程と成果の振り返り

課題解決とは、子どもたちにとって1時間ずつ単純に積み重なっていく経験ではなく、自らの課題とゴールを意識しながら進めていく過程と言えます。そこには当然試行錯誤が必要であり、時には内容や方法を修正したり、残り時間数との関係から取り組み方を調整したりすることが必要になります。こうした課題解決の状況を捉える力は、教師がすべてをお膳立てしている授業では身につきません。

「今、解決に向けてどこまで来ているのだろう」

「あと何をやればいいのだろう」

などと、子どもたち自身が、自分たちの課題解決状況を捉え、後の学習を修正していくことが必要になります。

一方で、学習の定着や深化を促すためには、今日何を学んだのか、何を考えたのか、何が分かったのかという思考や理解の結果に対する振り返りも必要です**（図4）**。

ここでは、前者の過程に対する振り返りを「横軸の振り返り」、成果に関する振り返りを「縦軸の振り返り」と呼んでいます。慣れてくるとこの両方の振り返りをほんの数分でメモするようになります。毎時間実施するのが困難なら、単元（題材）の所々で行ってもいいでしょう。これらは、リフレクティブな学習者を育てていく取り組みと言えます。

・対話的な学びの実現には、まずは“参加”が必要

「対話的な学び」の実現に向けて、どのような点に着目するとよいでしょうか。

> 子供同士の協働，教職員や地域の人との対話，先哲の考え方を手掛かりに考えること等を通じ，自己の考えを広げ深める「対話的な学び」が実現できているかという視点
>
> （2017学習指導要領 解説 総則編）

「主体的・対話的で深い学び」にある「対話的な学び」とは、その時々で必要とされる課題解決を、対話を通じて考えを広げたり深めたりしながら行っていくことを大切にしていることが分かります。それは、友達や教師、地域の人などとの対話はもちろん、資料等を通じて、先哲の考え方と対話したり、自分自身と対話したりすることも含まれます。

①　対話的な学びを支える要素

話し合いの中に、どんな要素が加われば「対話的な学び」となるので

しょうか。

「対話」とは、国語辞典で調べてみると、「向かい合って様々な事柄について話をすること」となりますが、例えば、協働して課題解決にあたる、互いの考えを交換する、先哲の考えを手掛かりに自分の考えを練り上げるなど、対話を通じた学びの場面は様々です。また、「対話的な学び」は、“自己の考えを広げ深める”ことをねらいとしていることから、ここには次のような要素があるように思います。

・単純にイエス・ノーで答えられないような解決すべき課題がある
・参加者には、その課題に対して何らかの考えや意見がある
・対話の結果として、共通の考えやアイデアが生まれたり、あるいは参加者それぞれの考えや意見が広がったり深まったりする

② 対話のある授業をつくるために

どのようにすれば、対話的な学びができるのでしょうか。

筆者が参観してきた授業を振り返ってみると、子どもたちの対話を大切にした場面では、Why や How といったタイプの課題、あるいは対話の根拠としてそれらを求めている課題が多く提示されていることが分かります。その中には、未来を見据え、自分たちのアイデアを構築していくタイプのものも多く見られます。また、Why や How のタイプの課題は、思いつきで話すのではなく、事前に調べたり考えたりしておくことが必要になることが多く、その結果、そこでの対話は I think だけではなく、because も語られていくことになります。

そのため、グループなどでの対話に参加し、一人一人が効力感を持つためには、参加するにあたっての考えや意見を持つことが有効です。つ

まり、手ぶらで参加しても、対話には参加しづらく、かりに参加したとしても根拠のないことを言うだけに終始することになりかねません。対話に入る前段階の学習を丁寧に行うことが必要になります。

・Why や How のタイプの課題（学習のねらいにつながる）がある
・I think（自分の考えや意見）がある
・because（考えや意見の根拠となる、調べて獲得した事柄）がある

そして、対話の場は、参加者同士の関係性が重要になります。「この場はみんな対等だよ」ということを教師から説明するといいでしょう。参加人数への配慮も大切です。子どもたちの発達段階や学習状況を踏まえながら、グループの人数を決めることが必要です。

対話の場面では、課題解決を目指して、自己の考えや意見を述べたり、聞いたりするわけですが、ここで大切なことは、**自分の考えや意見を相対化し、他者の考えを受け止め、再度、自分の考えや意見を検討することができる**ということです。相対化と書きましたが、“ちょっと横において”というぐらいでもいいと思います。相対化の反対は絶対化です。自分の考えや意見に固執し、絶対化していると、やはり対話にはなりません。

・子どもたちが、根拠になる事柄を調べたり実験したり、考えたりすることが必要になる課題（テーマ）を用意する。
・調べたり実験したりして得た事柄を根拠に、課題（テーマ）に対する自分の考えや意見を**持つ**
・対等な関係の中で、対話に**参加する**
・自分の考えや意見を**相対化（ちょっと横において）**し、他者の多様な考え・意見に**触れる・交流する**

・自分（あるいはグループ等）の考え・意見を**再構成する**

・深い学びはオーセンティック・ラーニング（真正の学び）〜見方・考え方はそのツール〜

> 習得・活用・探究という学びの過程の中で，各教科等の特質に応じた「見方・考え方」を働かせながら，知識を相互に関連付けてより深く理解したり，情報を精査して考えを形成したり，問題を見いだして解決策を考えたり，思いや考えを基に創造したりすることに向かう「深い学び」が実現できているかという視点
>
> （2017学習指導要領 解説 総則編）

深い学びを実現するには、どのような点に着目するとよいのでしょう。

深い学びの実現には、習得・活用・探究という学びの過程の中で、子どもたちが、教材と向き合いながら、その教科等の独自の視点や考え方を働かせて、学びを深めていくことが欠かせません。ここでいう独自の視点や考え方こそが「見方・考え方」です。

① 見方・考え方を働かせて学ぶ

「見方・考え方」とは、“どのような視点で物事を捉え、どのような考え方で思考していくのか”という、各教科等の特質に応じた物事を捉える視点や考え方のことであり、将来、大人になって生活していくにあたっても 重要な働きをするものとされています（2016答申）。

2017年の学習指導要領では、「見方・考え方」を、学習を通じて育てていくものから、学習において働かせるものへと再定義しました。「見方・考え方」を働かせると何が変わるのでしょう。

例えば、社会科の歴史で東大寺の大仏を教材で示した時と、図工や美術で示した時では、当然、教材の捉え方、視点が変わってきます。この視点こそが見方であり、それぞれ歴史的な見方、造形的な見方をすることで、その教科ならではの学習のねらいに近づいていくことができます。

また、「見方・考え方」の「考え方」は、“どのような視点で物事を捉え、どのような考え方で思考していくのか”という定義の後半にあたります。つまり、どのような考え方で思考していくか、その方法と言うことになります。

このように「見方・考え方」を働かせて追究していくことで、学びが深くなることが期待されます。**図5**は、これまでに参観してきた小中学校の社会科等の授業で取り組まれていたものをもとに、「考え方」の例としてその一部をまとめたものです。単に「考えてごらん」と言うよりも、**図5**にあるような考え方の方法を具体的に示す方が考えやすくならないでしょうか。もちろんこれ以外にも多々あると思います。

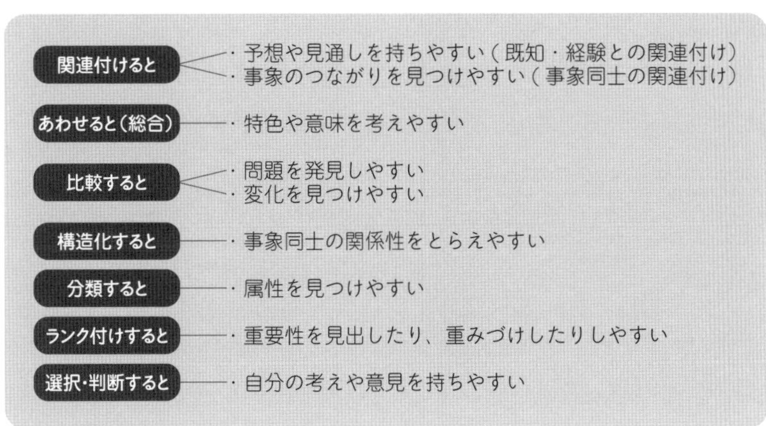

図5　授業でよくみられる「考え方」の例

②　現実世界との接点を見つめて学ぶ

○　真正の学びは、学習者が、学ぶ意義や有効性を感じやすい

教科の学習は、ある一面、現実世界から一部分を切り取り、子どもたちが学びやすい形（教材）にして提供されていきます。とはいえ、これまでにも、学習した内容が実際に活用される状況を想定し、それらを活用したり考えたりする場面を取り入れた授業もたくさん行われてきました。算数・数学でも、生活世界の事象から、数学化された世界の学びを経て、再び生活世界の課題解決を図る授業も多くあります。

2016答申では、学校での学びの質について、単に知識を記憶する学びにとどまらず、身につけた資質・能力が様々な課題の対応に生かせることを実感できるような、学びの深まりも重要になると指摘しています。

一般的には、真正の学びは、状況や文脈のある課題、つまり有意味な課題を設定することで、より深く学ぶことが期待されています。教育心理学や教育方法などの研究者である奈須正裕は、全国学力学習状況調査のＡ問題、Ｂ問題の結果等を踏まえ、学習の転移は意外なほど生じにくいことを指摘するとともに、そもそも学習とは具体的な文脈や状況の中で生じるものであり、学ぶとはその知識が現に働いて生きて働いている本物の社会的実践に当事者として参加することであると述べています。つまり真正の学びです。当然、学習者が、学ぶ意義や有効性を感じやすくなり、よりポジティブに学びに向かっていくことを可能とすることが考えられます。

○真正の学びと深い学び

一般的な学びと深い学びとの違いは、「分かる」から「よく分かる」、「10個覚えた」から「20個覚えた」というレベルではなく、むしろ、「知った」から「分かった」へ、「分かった」から「使える」へと、学びの質的な深化と転換にこそあると考えます。

真正の学習において子どもたちは、文脈や状況の中で生じる課題の追究を通じて学んでいきますが、それは文脈や状況の中に浸りっぱなしというわけではなく、場面場面で、文脈や状況から一歩身を引いて、科学的な探究をしたり、より普遍的な考えを表現したりする活動が必要になります。つまり、教科の学習で学んだことを一般化したり、別の文脈や状況に適応して考えたりする学びです。学校での実践を見てみると、現実の課題等を取り上げた授業は以下のような場面で多く行われています。

○**単元（題材）導入で**、現実世界の課題につながる問いを設定する。

○**単元（題材）の終末で**、現実世界を見つめ、学習したことがどのように生かされているか、あるいは学習したことを自分はどのように生かすことができるか等を考える。

○**単元（題材）の課題解決過程で**、対話を通じて現実世界の課題について考えを深める。

真正の学びを通じて深い学びを実現していくためには、やはり単元（教材）の学習過程を通じて検討することが必要でしょう。もちろん、総合的な学習の時間等との関連を図るなど、教育課程全体で、深い学びの実現を目指していくことが求められます。

(4) 新しい学びの授業デザインを考える

ここでいう授業デザインとは、単元（題材）の目標を基に、全体の指導計画と１単位時間の授業について、内容、方法、評価方法（フィードバックも含む）等を構想していくことを指しています。

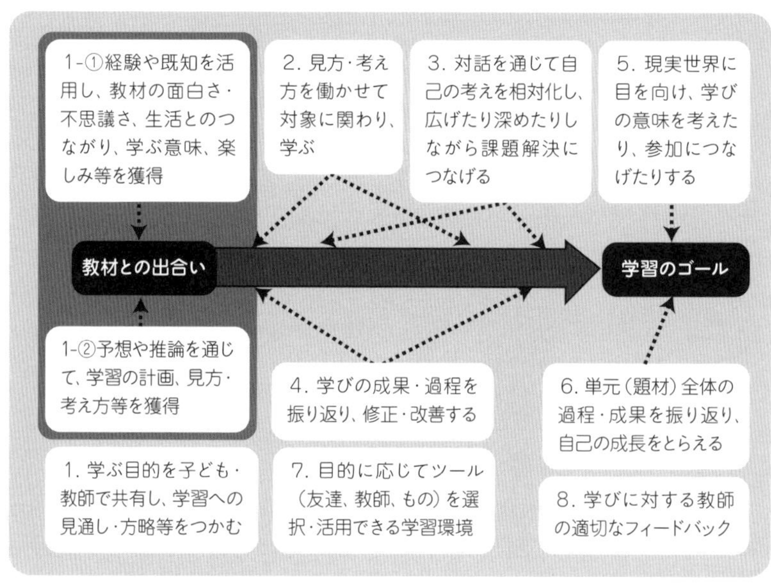

図６　新しい学びの授業デザイン

図６は、「主体的、対話的で深い学び」を実現するための授業デザインの在り方を考える際に、１つのモデルとして検討したものです。学習内容や評価については、触れていません。１単元（題材）をイメージしています。

○**1及び1-①、②は、**単元（題材）の導入に関することです。導入では、子どもたちが興味・関心を高め、生活とのつながりや学習の目的、見通し、計画を立てることが必要です。

○**2は、**その教科、単元（題材）で必要とされる見方・考え方を働かせることです。深い学びに誘っていく重要なツールになります。

○**3は、**課題解決の過程での対話の重視です。ここでの対話は、課題解決のために行うことを意味し、そのために、各自が自分の考えを持って参加し、それをいったん相対化しながら対話を深め、再び自己の考えを広げたり深めたりしていく活動を意味しています。もちろん、現実世界の課題を、対話を通じて検討するなど、オーセンティックな学びにつなげることも期待されます。

○**4・6は、**学習の過程や成果に対するメタ認知的な振り返りの活動です。**4**は、学習過程中ですので、各時間の終末の振り返りと振り返りに基づく以後の学習の調整です。そして**6**は、学習過程全体を通じた学び方やそこへの参加、自己の成長などをメタ的に振り返っていく活動です。これは、**1**とも強く関連してきます。

○**5は、1-①**と強く関連し、学んだことが社会でどのように生かされるのか、学んだことを生かすと今後どのようなことができるのかを考える活動です。

○**7・8は、**授業をデザインする教師の姿勢と言ってもいいでしょう。**7**は、子どもたちが自らの目的意識や必要性に応じて適切なツールを活用できるようにすることです。そして**8**は、**1**とも強く関連しますが、この学習で期待される成果に対して、子どもがどのような状況にあるのかを形成的に捉え、フィードバックしていく教師の機能を示しています。

〈引用・参考文献〉

・文部科学省『小学校学習指導要領解説総則編』2018年。
・文部科学省『中学校学習指導要領解説総則編』2018年。
・文部科学省『高等学校学習指導要領解説総則編』2019年。
・中央教育審議会答申『幼稚園、小学校、中学校、高等学校及び特別支援学校の学習指導要領等の改善及び必要な方策等について』2016年。
・国立教育政策研究所『資質・能力を育成する教育課程の在り方に関する研究報告書1～使って育てて21世紀を生き抜くための資質・能力～』2015年、13ページ。
・文部科学省「Overview of Ministry of Education, Culture, Sports, Science and Technology」2019年。
・文部科学省『平成29年改訂小学校学習指導要領英訳版（仮訳）』。
・石井英真『今求められる学力と学びとは―コンピテンシー・ベースのカリキュラムの光と影―』日本標準、2015年。
・奈須正裕編著『教科の本質を見据えたコンピテンシー・ベイスの授業づくりガイドブック―資質・能力を育成する15の実践プラン―』明治図書出版、2017年。
・Barry J. Zimmerman (1989) A Social Cognitive View of Self-Regulated Academic Learning, Journal of Educational Psychology 1989, Vol. 81, No. 3, 329-339
・B・J・ジマーマン、D・H・シャンク著、塚野州一、中西良文、伊田勝憲、伊藤崇達、中谷素之、犬塚美輪訳『自己調整学習の理論』北大路書房、2006年。
・B・J・ジマーマン、D・H・シャンク編　塚野州一、伊達崇達監訳『自己調整学習ハンドブック』北大路書房、2014年、1～10ページ、38～49ページ参照。
・三宮真智子『メタ認知で〈学ぶ力〉を高める』北大路書房、2018年。
・瀬尾美紀子「学習の自己調整」市川伸一『学力と学習支援の心理学』放送大学教育振興会、2014年、47～64ページ参照。

【コラム】学びを自己調整する能力を育てる

第１巻第２章２節でも自己調整学習について触れましたが、ここではもう少しその内容を見てみたいと思います。

自己調整学習の代表的な研究者であるバリー・ジマーマンらは、自己調整学習を、学習者たちが自分たちの目標を達成するために、体系的に方向づけられた認知、感情、行動を自分で始め続ける諸過程のことであると言います（2014）。

自己調整学習における学習過程は「予見」「遂行」「自己省察」という３つの段階を通じて展開されます。

自己調整学習のサイクルモデル

遂行段階（performance）

■計画が遂行できるよう集中したり環境を整えたりする。

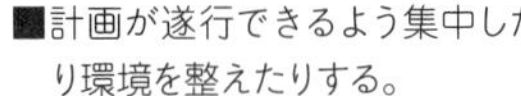

■活動がうまくいっているかモニタリングする。

メタ認知
学習方略
動機づけ

メタ認知
学習方略
動機づけ

予見段階（Forethought）

■学習の目標を決め、遂行の計画を立てる。

■やり遂げられそうだという期待や見通しを持つこと、興味を持つことも含む。

自己省察段階（Self-Reflection）

■学習のプロセスと結果を自己評価し、その原因を考える。

■自己省察の結果は、次の予見段階に反映される。

ジマーマン、シャンク（2011）、瀬尾（2014）を参考に作成

このサイクルは、一見、「学習への見通しを立てる」、「課題解決に向

けた実行」、「学習後の振り返り」という一連の課題解決的な学習過程と同じように捉えたくなりますが、自己調整学習では、この循環的なサイクルを能動的に進めていくには、学習者である子どもたち自身に、**メタ認知、学習方略、動機づけ**が必要であると言います。

メタ認知は、ここでは、学びの過程や成果を子ども自身がモニタリングしコントロールできるようにすることを意味します。したがって、自分の学びをモニタリングする、状況に応じて変更・修正するなどコントロールできるような場面を授業の中で作っていくことが大切になると考えます。リフレクティブな学習者を育てていく場面です。

「学習方略」は、子どもの学習場面を想定すると、使えるものを見つけ、うまく利用できるようにすることだと言えます。何を活用すればいいのか、どうすれば効果的なのか……そのひとつひとつが**学習方略**です。

学習方略の分類（瀬尾、2014）

認知的方略	メタ認知的方略	リソース活用方略
・リハーサル ・精緻化 ・体制化 ・学習課題に応じた方略	・理解モニタリング ・自己評価 ・目標設定 ・プランニング ・教訓帰納 ・自己説明	・注意集中方略 ・努力管理方略 ・情動・動機づけ調整 ・学習環境の構成 ・他者への援助要請 ・学習情報の収集

瀬尾美紀子（2014）は、**学習方略**を、記憶や理解をする際に用いられる**認知的方略**、学習の進行状況を把握する際に用いる**メタ認知的方略**、学習を進めるうえで必要な資源の活用に関する**リソース活用方略**に分類・整理しています。「教訓帰納」というやや聞きなれない方略がありますが、これはある問題を解いた後に「この問題をやってみたことによ

って何が分かったのか」という教訓を引き出すことだそうです。また、前ページの表からは、友達や先生の力を借りることも、学習方略になっています。分からないとき、じっとしてないで、分かるための行動をとる、援助を要請することは、ポジティブに学習に向かうために大切なことです。

動機づけは、学習に向かう子どもたちに「やれる（自己効力感）」と、「やったあ（有能感）」という気持ちを高めていくことだと考えます。

自己調整学習では、学びのプロセスに子どもたち自身が能動的に関わることを重視していることから、動機づけがとても大切にされています。例えば、“自分にはできる”という**自己効力感**は子どもたちが主体的に学習を進めていくうえで重要であることは、多くの教師が感じ取っていることでしょう。ジマーマンは、高い動機づけが、子どもたちの学習のプロセスや結果に対する注意を高めること、課題の選択や取り組み方を向上させることなど、その役割を指摘しています。

コンピテンシーベースの教育
――世界的な潮流の中で――

世界は、情報で溢れています。その中の重要な情報だけを集めようと思っても膨大な量になり、一人の人間の脳に詰め込むことはほぼ不可能です。それでも、子どもたちが将来困らないようにするため、少しでも学校を卒業した後に楽をさせてあげるため、とりわけ重要だと思う知識を教えようとしてしまうのが教師ではないでしょうか。「知識偏重」という言葉がすっかり定着してしまった現代、どのように教育のあり方を転換させていくべきか考察します。

(1) 昔から繰り返し語られてきた、学校での学びと実社会の乖離の問題

47歳の女性に小学校時代に国語の授業でどのようなことを学んだか覚えているかと尋ねると、「案外すらすらと『国木田独歩の』といって、あとはずっと考えて『なんとかいう景色を見た文』だったといい、『それからなんとかいう詩人の書いた詩』があったことをおぼえていた」。続いて、大人になってからの読み書きについて「ちかごろはどうですか」と尋ねると、「いそがしくて本どころではない」そうで、ものを書くようなことも「日々の生活のなかで、ほとんどないといってよい」と

いう――

これは、教育学者の大田堯が1957年に出版した『日本の農村と教育』に掲載された、当時の農村に暮らす女性へのインタビューの中で登場するエピソードです。

残念なことに、それから60年以上経った現代においても、このエピソードに似た話は男女問わず、よくあるように思えます。高校、大学への進学率が高まるのに伴い学校で学ぶ内容が高度化しているがために、むしろますます、その学びを卒業後も自主的に継続したり、学んだことを実際の生活に生かしたりすることができるという実感は薄れてきているかもしれません。また、パソコンでの作業が多くなった現代、手書きで文字を書く機会もなくなり、インターネットで検索すれば義務教育レベルの知識はすぐに手に入るという感覚から、学校時代の学びを軽視する傾向も高まっていると言えます。

(2) 資質・能力を育む３つの柱を軸に、身になる知識やスキルの習得を目指す

大田が示すこのエピソードは、2020 ～ 2022年度から実施される新学習指導要領が掲げる「資質・能力の３つの柱」に関して、重要な示唆を与えてくれます。**図７**の通り、これからは学校において「知識及び技能」「思考力、判断力、表現力等」「学びに向かう力、人間性等」の３つの育成が目指されます。

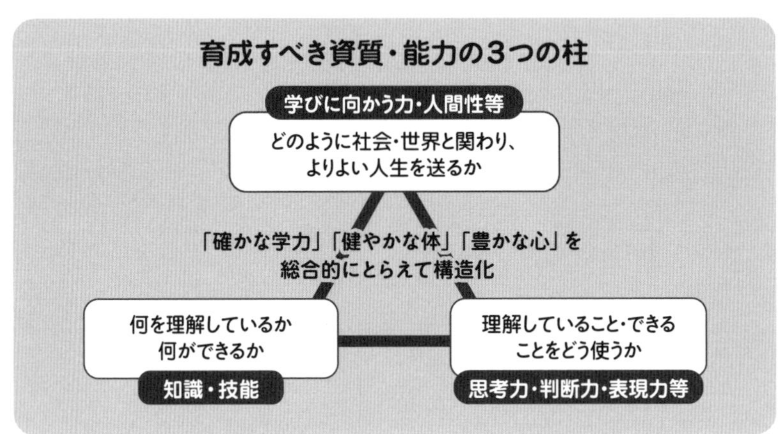

図７　育成すべき資質・能力の３つの柱

１つ目に、「知識」が単独の項目として存在するのではなく、「技能」とセットになっていることが重要です。つまり、教えられた知識を記憶するだけでなく、それを実際の生活の中で技能へと転換して活かすことができるかどうか、言い換えれば、知識を得ることによって何ができるようになったのか、ということが問われます。先の例で言えば、農村の女性は何を読んだのかに関して部分的に記憶していたものの、それについての自分なりの理解については何も語っていません。読み書きはできるようになったと言えるでしょうが、それではなぜ国木田独歩を読む必要があったのかが不明瞭です。より平易な言葉で書かれた、生活に根ざした内容の文章を読んだ方が、この女性にとって遥かに「知識及び技能」には結びつきやすかったように思われます。

しかし、やはり学校教育において文学を読む意義は存在します。身につけた「知識及び技能」をより発展的に活用する力として２つ目に掲げられる「思考力、判断力、表現力等」が、この点に関連します。文章を理解するだけでなく、そこから得られた知識や知見を自分自身の生きる世界で活かすことができるようになること。それを実現するには、読み書きという基礎的な技能の習得に向いている平易な文章だけを読むのではなく、思考を揺さぶるような文章をも扱う必要性があります。その意味で、国木田独歩を授業で読む意義が成り立ちますが、先の女性がその文章から自分自身の生活に生かせる力を習得できたのかどうかはどうも疑わしいようです。

(3) 目に見えるコンピテンスと、その発揮の土台となるコンピテンシー

以上の2つのポイントを満たした力は、国際的には「コンピテンス」と呼ばれることが一般的です。遡ること1980年代より、座学で学んだ知識はあってもそれを実際に仕事の場で活用する力のない社会人の存在が問題視されるようになり、イギリスをはじめとする欧米諸国で「業務内容に関連して、実際に何ができるか」という視点から採用条件等を明確に設定できるようにしようとする動きが生じました。「教育を受けたか」でも「知識を有しているか」でもなく、「実際に何を職場に提供できるのか」という視点からひとの能力を捉えようとする中で生まれたのが、コンピテンスの概念です。大田が指摘した教育の問題は、国際的にも長く語られてきた問題だと言えるのです。

なお、新学習指導要領はこのコンピテンスの概念を超えて、3つ目のポイントとして「学びに向かう力、人間性等」を掲げています。この点

についても、先の農村の女性のエピソードの中で大田は重要な指摘をしています。大田はこの女性の学びへの関わり方について、「一言にいってしまうと、まったく受動的」であると語ります。さらに、「読んだり書いたりすることが、自分の考えの表現や、自分の考えを豊かにする意欲と結びついていない。生活を動かす積極的な意欲にささえられて用いられていない。他からの強要によって、ようやくその責めをはたす手段に使われるにすぎない」と分析しているのです。

実は、この点も国際的な議論と連動しています。特に1990年代以降のアメリカにおいては、知識を実際場面に応用する力や実際場面で発揮できる技術や思考力を示す「コンピテンス」と使い分ける形で「コンピテンシー」という用語を使い、コンピテンスが現れるための土台となる人間の性質を表現することがあります。すなわちコンピテンシーに関する議論は、目に見えるコンピテンスだけでなく、その土台にある、認知的な能力を超えた社会的スキルや学びへの姿勢をも捉えようとする試みであると言えます。

こうした議論を背景に、OECDは1997年末よりコンピテンシーに関する研究を開始し、ひとが社会の中で活躍するうえで特に重要だと思われる能力や姿勢を「キー・コンピテンシー」と呼んだうえで、それらを３つのカテゴリーに分類しました。１つ目は社会・文化的、技術的ツールを相互作用的に活用するコンピテンシー（個人と社会との相互関係)、２つ目は多様な社会グループにおける人間関係を形成するコンピテンシー（自己と他者との相互関係)、最後の３つ目は自律的に行動するコンピテンシー（個人の自律性と主体性）です。新学習指導要領とあえて合わせて考えるとすれば、「学びに向かう力、人間性等」として、今後はこれら３つの種類のコンピテンシーを育んでいく必要があると理解できます。

では、なぜコンピテンスだけでなくコンピテンシーをも育む必要があるのでしょうか。また、そもそもコンピテンシーは育めるものなのでしょうか。

(4) 未来の学びを切り拓く土壌としてのコンピテンシーを育む

なぜコンピテンシーが重要かというと、学校を卒業した後の人生において必要となるコンピテンスをすべて網羅的に学校教育の中で先に育んでおくことが、不可能に近いからです。子どもたちが将来、どのようなキャリアを選択したり切り拓いていったとしても、その人生の中で必要になるコンピテンスを習得しようと積極的に学びに関わっていくためのコンピテンシーさえあれば問題ありません。逆に、学校で教えられる知識をどんなによく記憶していて、学校で習得したスキルをどんなに巧みに磨けていても、それらでは対応できない状況に直面した時に自ら新たな学びに向かって動き出すことができなければ、今後の社会をしなやかに生き抜くことは難しくなります。ですから、卒業後の自律的な学びのために、コンピテンシーを育むことが重要です。

コンピテンシーを育む方法については、今後のさらなる研究が期待されます。しかし、たとえその方法がまだ十分に体系化されていないとしても、コンピテンシーは育めるものであるという立場を取ることが求められています。大田は、受動的な学びの姿勢しか習得できなかった先の農村の女性について、その女性の責任を問うことは全くせず、彼女が「自己の存在をあらわに主張する権利までうばわれている」のだと論じます。すなわち、コンピテンシーの発達は遺伝的な問題ではなく、家庭教育の問題だけでもなく、あくまで学校等の教育を通して育めるものであり、それを育まないことはその子どもの生涯に渡る権利を剥奪するものだと言わんとしているのです。

現代に生きる教育者は、子どもたちの未来のために、新たな学びに向かう土壌としてのコンピテンシーの育み方を考える責任を担う必要がありそうです。

〈引用・参考文献〉

・大田堯『学力とはなにか』国土社、1990年。

・OECD (2014). Competency Framework.(https://www.oecd.org/careers/competency_framework_en.pdf)

・Le Deist, F. D., & Winterton, J. (2005). What is competence?. Human resource development international, 8 (1).

2
学びに向かう力を発揮し、ポジティブでリフレクティブな子どもを育てる授業づくり

子どもたちが『学び合う』協同学習のススメ

子どもたちが主体的・対話的で深い学びをしていくために、協同学習が重要な位置を占めます。協同学習は単にグループになって学習を進めるだけでなく、そのねらいを明確にし、協同学習の基本的な考え方をしっかりとふまえて行っていくことが必要となります。ここでは、子どもたちが学び合いを行っていく際に求められるこの「基本的な考え方」をみていきましょう。ここでの理解は、きっとポジティブでリフレクティブな子どもを育てる授業づくりにつながります。

(1) 協同学習イコールグループ学習??

協同学習という学習指導の理論は、学び合いをうまく促すための手法を連ねたものを言うのではなく、子どもが、主体的で自律的な学びの構え、確かで幅広い知的習得、仲間と共に課題解決に向かうことのできる対人技能、他者を尊重する民主的な態度、といった「学力」を効果的に身につけていくための「基本的な考え方」を言うのであり「グループ学習が協同学習ではない」と杉江は定義しています。

この協同学習には特別な方式があるわけではなく、学習指導の根底にはいつも協同の考え方を据えるべきだという「考え方」であり「原理」

なのです。その考え方をしっかりとふまえて、教師が主体的に、責任を持って意思決定し、授業を一つひとつ作ることが協同学習であると言えるのです。

教師が話をして、それを聞くことが勉強であるというこれまでの教育観では、子どもが主体的・自律的に学力を身につけることは難しいと考えられています。子どもが実際に「参加」し、互いに「協同」し、自分自身の前向きの変化を感じ取って「成就」感を味わえる学習過程を経なくては、期待する変化は生じないと言えるでしょう。

主体的で自律的な力を子どもが身につけるために教師がすべきは、学びの枠組みづくりです。教科学習で、１つの単元を学ぶときには、その単元がなぜ大事なのか、どのように学んでいくと効果的に学べるのか、を十分に知らせ、子どもが自分たちで活動できるところまでの準備をして、学習活動は子どもにできるだけ多く任せていくというスタイルです。もっとも、時には見通しを伝えたのちに、基礎的な知識を教師が教え込むということも必要な場合があります。そういうときでも子どもは自分が持った見通しの中で教えられるわけですから、意欲づけもあり、自ら学び取るという構えが失われることはありません。

このように、協同学習は従来の教育観、指導観、子ども観を見直し、変えていくことを求めているのです。

(2) 相互協力関係による目標達成

協同学習に関する古典的な著書『学習の輪』(1998) の中で、ジョンソン兄弟は、競争学習や個別学習は過去のものになってきており、「私だけが目立つ」ための学習とか「自分のことだけをすればよい」といった学び方は色あせてきていると述べています。そして、クラスのメンバーが「われわれ」意識を持つことのできる学級づくりや、「われわれは全員仲間で」学習しているという学習形態を作る方向に進んでいるとしています。ジョンソンらによれば協同学習とは、「スモール・グループを活用した教育方法であり、そこでは生徒たちは一緒に取り組むことによって自分の学習と互いの学習を最大に高めようとする」のです。

教師の説明を聞いた後で、学級内の生徒は２人から５人程度のグループに分かれます。そして、与えられた課題をグループの仲間全員が十分に理解しやり遂げるまで、それに取り組むことになります。誰かの努力が仲間全員によい効果を与えたり、すべての仲間は運命を共有していることを認識したり、ある個人の成功には、その個人と仲間の両方が貢献していることを認識したり、仲間の一人の成績が認められた時にはグループの全員が誇らしく思って、一緒になって祝福したりするようになるとされているのです。すなわち、協同学習の場面では、生徒たちの目標達成の仕方は相互協力関係になっており、グループの他の生徒も一緒に目標を達成した時だけ、自分たちの目標に到達できたと考えるようになるのです。

(3) 旧来のグループ学習の問題

ジョンソンらは、旧来のグループ学習には以下のような問題があると指摘しています。

・フリーライダー

仲間の取り組みにただ乗りすることを指します。他のメンバーがフリーライダーになった結果すべての仕事を引き受けるはめになった生徒は、みんなが同等の評価を得ることに不満を抱きがちです。また、自分がお人好しといわれないよう全力をつくさないこともあり得ます。

・ゆがんだリーダーシップ

グループ内の能力の高い者が、能力の低い者を犠牲にして自分たちだけが得するようにリーダーシップをとってしまい、恵まれた者がますます恵まれていくことも起こりがちです。能力の高いメンバーが学習内容をすべて説明してしまうのです。説明に費やす時間の長さと学習量とは相関が高いため、能力の高い者は説明することを通して非常に多くのことを学び、能力の低い生徒はただの聞き手として当惑するばかりとなります。これでは、グループによる取り組みが、軋轢や勢力争いによってダメになってしまいます。

さらに、「ぼくが考えるから君はタイプを打つだけでいい」といった問題のある作業分担がなされたり、有力な仲間への同調的な依存が見られるようになります。グループのメンバーがしめしあわせて課題から手を引くこともあり、仲間への同調の圧力が一人ひとりの努力を押さえつけることもあり得ます。

グループが失敗する道筋はこのように多様ですが、こういった問題点は、授業をうまく協同的に構成することで取り除くことができるとジョンソンらは述べています。

(4) 協同学習における基本的構成要素を確実に組み込む

協同学習の基本的構成要素には以下のようなものがあります。これらを確実に組み込むことが求められます。以下に少し詳しくみていきましょう。

・相互協力関係

協同的な授業を効果的に進めるためにまず必要なことは、生徒たちが「浮沈を共にする仲間同士だ」と考えることです。協同学習場面では、生徒に二つの責任がかかります。一つは与えられた教材を自分自身が学習すること、もう一つはグループの仲間全員が確実に教材を学習することです。グループの仲間がきちんとやらなければ自分も成功できず、課題を完成させるために自分の努力とグループの仲間の努力をうまく調整しなくてはならないという形で、生徒がグループの仲間と互いにつながっていると感じた時、そこに相互協力関係が存在すると言えます。

1．仲間の一人ひとりの努力がグループの成功のために必要かつ不可欠です（つまり、「ただ乗り」はあり得ません）。
2．グループの仲間はそれぞれ、持っている資料や役割、課題についての責任に違いがあり、一緒に努力する過程ではそれぞれが独自の貢献をすることになります。

このために、教師は、「一人ひとりが与えられた課題を確実に学習し、しかもグループの仲間全員が与えられた課題を確実に学習できるようにせよ」というグループ目標を明示しなければなりません。そして、目標に対する協力関係を強めるために、連帯報酬（グループ全員がテストで９割以上正答すれば、一人に５点ずつのボーナスを与える）を加えたり、資料の分担（グループのメンバーそれぞれに、課題の完成に必要な情報の一部ずつを与える）をさせたり、相補的役割（読み手係、チェック係、激励係、推敲係）を配分するといった工夫も推奨されます。

・対面的・積極的相互作用

協同的な授業では、仲間の学習への努力を援助したり、補助したり、支持したり、励ましたり、褒めたりし合うことで生徒が互いの成功を促進し合うという機会を、教師が最大限保証する必要があります。

第１に、どうやって問題を解くかを声に出して説明したり、学習した概念の意義を議論したり、自分の知識をグループの仲間に教えたり、今学んでいることが以前学んだこととどうつながっているかを説明したりするという活動が生じます。

第２に、顔をつきあわせての相互作用を通して多様な社会的影響を経験でき、多様なつき合い方をする機会に巡り合うことができます。仲間への責任を果たすこと、お互いの考えや結論に影響を与え合うこと、社会的モデリング、社会的支援、仲間に認められる喜びなど、グループの仲間同士の対面的相互作用の増加にともなって多く見られるようになるとされています。

第３に、グループの仲間の言語的反応や非言語的反応は、互いの学習成果の適否に関する重要なフィードバックになります。

第4に、この相互作用が意欲の低いメンバーにやる気を促す機会になります。

また、**第5に**、こうした相互作用は生徒たちが互いの人格に気づく機会を含んでおり、仲間同士の関係に注意を払い、かかわりを深める基礎づくりをすることになります。

ジョンソンらは、有意義な対面的相互作用のために、グループは2名から6名くらいと小さいほうがよいとしています。小さいほどメンバーは自分の参加や努力が必要とされているのだと強く感じるようになるからです。他方、グループが大きいほどやる気のないメンバーに対する仲間からの圧力が大きくなるという面も指摘されます。

・個人の責任

個人の責任は、個々の生徒の成績が査定を受ける時と、その結果がグループとその個人に返される時に生じます。課題をやり遂げるのにどの仲間がより多くの援助や指示や激励を必要としているかをグループが知っておくことが重要だと言われています。ただ乗りができないと認識していることも重要でしょう。

グループの仕事のうちの自分の割り当て分をきちんとこなそうとする個人的責任感を各生徒に持たせるには、次のような手続きを導入する必要があります。

①グループの仕事に各メンバーの努力がどの程度貢献しているかを査定します。

②グループと各個人にその結果をフィードバックします。

③メンバーが不要な努力をしなくてすむように、グループに対して手助けをします。

④すべてのメンバーが最終成果に責任を持つということをはっきりさせておく必要があります。

ジョンソンらは、協同学習グループの目的を「各メンバーを強い個人にすること」としています。個人の責任は、協同的な学習によってすべてのメンバーが強くなるための鍵とされます。

・スモール・グループでの対人的技能

協同グループを生産的なものにするために、以下のような、生徒が質の高い協力をするのに必要な社会的技能を教え、それを利用するよう動機づけなければなりません。

1．互いを知り信頼し合う

2．正確で明確なコミュニケーションをする

3．互いに受容し支え合う

4．前向きに対立を解決する

・グループの改善手続き

グループの改善手続きとは、グループによる取り組みを顧みることで(a)メンバーのどのような行為が有効であり有効でなかったを明らかにし、(b)どのような行為が引き続きなされるべきで、またどのような行為をなすべきかを決めます。

改善手続きによって、

①学習グループの中で仲間同士がうまく課題に取り組めるような関係を

維持するよう意識させます。

②協同的技能の学習を促進させます。

③メンバーが自分の参加の善し悪しを確認できるようにします。

④認知レベルと同時にメタ認知レベルでも考えるよう保証します。

⑤グループの成功を喜び合う機会ができ、仲間の積極的な行動を引きだすことが可能となるのです。

また、改善手続きが有効になされるかどうかの鍵として、時間を十分に与える、望ましい成果が得られた時のフィードバックを強調する、改善手続きは明確に行い、あいまいなままにしておかない、改善手続きへの生徒の参加を継続する、改善手続きの際も協同的技能を意識的に使わせる、改善手続きに教師が何を期待しているのかをはっきりと伝えることが、挙げられています。

ここまでのまとめが、下の表となります。

表　どこがちがうのか？

協同学習グループ	旧来の学習グループ
相互協力関係がある	協力関係なし
個人の責任がある	個人の責任なし
メンバーは異質で編成	メンバーは等質で編成
リーダーシップの分担をする	リーダーは指名された一人だけ
相互信頼関係あり	自己に対する信頼のみ
課題と人間関係が強調される	課題のみ強調される
社会的技能が直接教えられる	社会的技能は軽く扱うか無視する
教師はグループを観察、調整する	教師はグループを無視する
グループ改善手続きがとられる	グループ改善手続きはない

(5) 協同学習の効果に関する研究

認知心理学者の佐藤公治は親や教師といった認知的熟達度の高い相手との相互作用に比べて、同じ認知的、発達的水準にある者同士の間の水平的な相互作用による協同学習には理解や知識の獲得に以下のような効果が生み出されるとの研究を紹介しています。

・他者による異なった意見・考え方の提示と認知的葛藤の発生

同じような認知段階にある者同士で、自分とはいくらか異なった視点や認識のしかたをしている仲間と相互交渉することによって、お互いの認識内部に認知的葛藤が生まれ、この認知的葛藤の解消に向かって個々人の内部で知識の再構造化への動きが起きてきます。まったく自分と同じ発想や考え方にたっている相手や、逆にあまりにも自分とかけ離れている相手とでは葛藤そのものが起こらないので、ほどほどのズレをもっている者同士の組み合わせであることが大切だとされます。

・討論による論点の明確化と理解のためのクリティカルな情報の提示

理解の促進にとって決定的に重要なカギとなる現象や属性について焦点を向けた話し合いと情報の提示、その批判的検証といった活動が協同的活動のなかで行われることが重要です。先行研究から、相互作用の活動のなかで学習や理解の促進に直接つながるようなクリティカルな情報が生まれて、それらが共有され、さらに個人の能力や技能として内化されていくという一連の過程が協同学習のなかでおきていることが重要だと考えられています。つまり、このクリティカルな情報がどれだけ生まれているかということが重要なポイントとなるわけです。

・言語的やりとりによる課題解決の手続きの明示化

自分の考えや意見をことばで表現してみるという活動、そして自分の意図や考えを相手にわからせようという試みが、課題解決のためのポイントを浮きぼりにすることになります。ペアになった子どもたちがそれぞれ自分の頭の中で考えていたことをことばで表出することによって客観化され、またその共有化も高まっていきます。このような協同作業の経験は、自分ひとりで課題を解いていくときに必要になっている行動のプランニングと調整というメタ認知的なスキルの向上へとつながるとされています。

・作業の分業による分担範囲の限定と多様な視点取得

共同で作業をすることで、責任の分散と負担軽減という形の直接効果が得られます。それに加え、例えば、異なった考え方をもった複数のグループのあいだでの論争を行うとすれば、子どもたちは自らが選び属しているグループに帰属意識をもち、自分たちの視点から自分たちの意見を擁護する議論展開をしていきます。

さらに、対立的な議論の場合には、自分たちを擁護するための主張をしながらも、当然ながら相手の意見を聞き、自分たちのそれとはどこが違うのか、論点は何なのかという、論点の明確化が行われてもいきます。こういう議論を通して自分たちの見方とは違ったものの見方、考え方があることにも気づき、多様な視点からもう一度吟味し直す機会が与えられることになります。

そして、どのような立場からの意見であっても複数の視点からみること、それらを比較することが可能となり、自分の理解や認知的活動を見直していくという「リフレクション」の活動にもつながり、次の理解のステップに向かう重要なきっかけとなるとされています。

このように、協同学習の基本的な考えをもとに、グループでの活動や学び合いを行っていくことで、子どもたちの学びが深まり、また人間関係も構築されていくことになるでしょう。

協同学習の具体的なテクニックに関しては、本節末の〈引用・参考文献〉を参照されるとよいのではと思います。

ガート・ビースタは、『教えることの再発見』(2018) の中で、「教育の仕事は……、抵抗の経験を重要で意味があり、積極的なものとして『設定する』ことであり、何かに取り組むには多くのさまざまな仕方があることに子どもと生徒の目を開かせることである」と述べています。子どもが多様な価値観や考え方に出会い、抵抗を経験したとき、抵抗するものを破壊してしまったり、その出会いから身を引いてしまったりするのではなく、中間点――対話の場――にとどまることが求められます。教師には、その場を「設定する」ことも必要なのです。

協同学習の場面において、子どもたちは互いの異なった意見や欲望と出会い、言語的やりとりによって解決の方途を探っていきます。こうして、抵抗を通じた対話の場（ビースタのいう中間点）の必要性に気づき、それを求めていくことが、協同学習のもつ大きな可能性であると考えられるでしょう。

〈引用・参考文献〉

・杉江修治『協同学習入門　基本の理解と51の工夫』ナカニシヤ出版、2011年。
・D・W・ジョンソン、R・T・ジョンソン、E・J・ホルベック著、杉江修治、石田裕久、伊藤康児、伊藤篤訳、『学習の輪：アメリカの協同学習入門』二瓶社、1998年。
・佐藤公治『認知心理学からみた読みの世界 ── 対話と協同的学習をめざして ──』北大路書房、1996年。
・ガート・ビースタ著、上野正道監訳『教えることの再発見』東京大学出版会、2018年。
・ジョージ・ジェイコブズ、マイケル・パワー、ロー・ワン・イン著、伏野久美子・木村春美訳、関田一彦監訳『先生のためのアイディアブック ── 協同学習の基本原則とテクニック ──』日本協同教育学会、2005年。

メタ認知的学習能力としての見通し・振り返りの力を育てる

「見通し・振り返り」を重視すると、授業や学習活動のようすや、それに取り組む子どもは、何がどのように変わるのでしょうか。「見通し」や「振り返り」ということば自体は、教育や保育の世界でこれまでにも十分に使い慣れた感のあるものです。なぜ、いま「見通し・振り返り」が求められるのでしょうか。その背景とそこに込められた期待、その目指す先にある教育や学習者の姿を思い描きながら、本書のテーマであるポジティブでリフレクティブな子どもの育成について考えてみましょう。

(1)「見通し・振り返り」論はどこからなぜ?

「見通し・振り返り」を重視する傾向になったのは、「平成25(2013)年度 全国学力・学習状況調査 調査結果報告」の「指導と学力の関係」で指摘されたことが大きかったようです。そこでは、見通し・振り返りの活動を積極的に行った学校ほど教科(特に国語のB問題[活用]の記述式問題)の平均正答率が高い傾向にあったと報告されました。他の言語活動や総合的な学習の時間での探究活動と並んで、学力への肯定的な影響がみられる一要件として注目されたのです。

見通し・振り返り学習活動（新規）

・授業の冒頭で目標（めあて・ねらい）を示す活動
・授業の最後に学習したことを振り返る活動

●上記の活動を積極的に行った学校ほど、国語B（活用）の記述式問題の平均正答率が高い傾向が見られる。

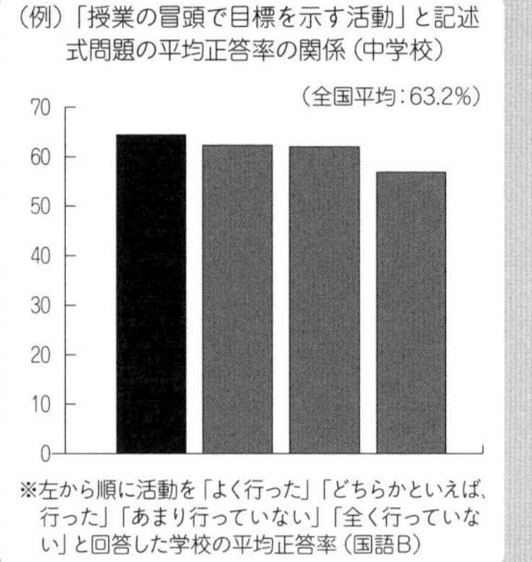

図１　見通し・振り返り学習活動（国立教育政策研究所 2013）

調査の設問では、「見通し」とは、「授業のなかで目標（めあて・ねらい）を示す活動を計画的に取り入れた」ことを指し、「振り返り」は、「授業の最後に学習したことを振り返る活動を計画的に取り入れた」ことを指しています。同調査結果報告では、この後平成28（2016）年度まで、「見通し」「振り返り」それぞれの実施状況が正答率につながる関係が継続してみられたそうです。一方、教師がそれを実施しているつもりであっても子どもは一定の割合でそう受け取ってはいない（「めあて等を示されたと思っていない」、「振り返り等を行ったと思っていない」）と回答する層が存在していることが報告されました。ここで気をつけたいのは、同調査が「見通し」「振り返り」と呼ぶ学習指導の取り組みは、実施すればするほど学力の成果が伸長するという意味づけ方ではなく、それらの取り組みを全く取り入れていない（あるいは学習者はそのような取り組みが行われたと思っていない）よりは、たとえ少しでも取り組むべきなのだ、と指摘されていることです。

「見通し」の学術的裏付けからみていきましょう。学習における〈予習すること〉の肯定的意義として、先行オーガナイザー（学習内容の要約）によって理解が向上するということが、オーズベル（D. P. Ausubel）によって明らかにされました。また、そのような学習に対して、学習者側に選択権やイニシアチブがある方が、より学習者の意欲につながることはツッカーマン（W, Zuckerman）らの研究でも明らかになっています。学習自体を学習者が自分で能動的にコントロールできる／しているのだという意識が学習者を活性化し、学習の成果につながっていくようです。

“めあてを明らかにすること”、これは、学習課題の明示として日本の学校現場では昔から当たり前のように学習指導の基本として実施されてきたと言ってよいでしょう。また、“本時のまとめ”は、おそらくどの教室においても、授業の締めくくりとして、細かな形式や形態はさておき、教師が学習した内容を整理して明確に示すという段取りで授業を結ぶスタイルは珍しくはないはずです。明治期に西洋式の学校や授業という教育文化が入ってきたとき以来、ヘルバルト式の授業の型として、日本の教室には十分馴染んできている教授行為です。では、このような既に実施している（？）ことを、今更ながらにどのように実施していけばよいのでしょうか。どうすれば、これまで以上の何かをもたらすのでしょうか。

(2)「見通し・振り返り」の通った実践へ

手掛かりとして、ある公立小学校での挑戦とその成果を紹介しましょう。相模原市立双葉小学校（相模原市南区、全校児童520数名、22学級—2019年当時）での取り組みです。同校は筆者が2010年以降、校内研究講師・助言者として長年にわたり“伴走”してきた学校です。

同校では、筆者が校内研究に関わり始めた当時、算数科の授業改善を校内研究のテーマに掲げて取り組んでいました。そこには子どもに学ぶ楽しさを感じさせたい、そして同時に確かな学力をつけたい、という先生方の希望があったのです。その当時、同校の子どもの学力が伸び悩んでいたことは否めませんでした。その後、具体的な校内研究のテーマの文言や表現は移り変わっていきましたが、「自ら学ぶ」「確かな学力」をめぐる部分は一貫して取り組みへの土台となったのでした。

これを受けて、その要望を教材研究と授業づくりとして追究し、日々の子どものようすを見取った担任だからこそできる眼前の子どもに見合った教材研究・授業実践化の方針を薦めました。いかに子どもが授業にもっと向き合ってくれるようにできるか、そしてその姿勢が“力”として身につくように仕向けていくか、こうした授業改善を、常に目の前の子どもの実態に照らす形で、丁寧に教材から仕立てていこうというものでした。最先端の算数科教育の指導法や流行している算数科教授論を借りてくることではなく、特別・特殊な取り組みでもありません。むしろ、誠実に子どもの現実に即し、学校の現状に“マッチした”教材研究を校内研究のベースにしたかったのです。

取り組みの方針を確認すると、具体的にまず〈教師が子どもを見取る力〉をつけていくことを先生がたに託しました。研究授業後の協議会も、印象論を遠慮気味に交換することに留まらないよう、子どもの具体やようすに基づいてコメントするよう促しました。ねらっていくのは目の前の子どもの変化です。授業の成否は、授業展開や形式をどれだけ計画に則って上手く実施できたかどうかではなく、子どもの学びの内実をこそ重視するようお願いしつづけました。

眼前の子どもの実態に即した授業づくり、それは、先生がたにとっては一旦教材研究の原点に立ち戻ったかのような、おぼつかない校内研究の日々だったかもしれません。ですが、授業の流れを現実から立ち上げ、その中で教育内容の軽重をどう付けるか、それに見合った教材への出会わせ方、目の付けどころや切り口、それらの吟味・検討を実際のクラスの子どものことを思い描きながら工夫し、話し合うことは、先生がた自身も教材研究・授業づくりの楽しさ・おもしろさを再確認する行程になっていったように思い出されます。そのようにして、しだいに授業中の子ども相互の意見交流や教師との応答性が高まる手応えを感じてきたなかで、いよいよ取り入れたのが「振り返り」でした。

「振り返り」の導入当時、同校でも先生がたは、授業の結びの場面で「本時のまとめ」を板書や口頭で行ってはいました。そこに、あえて「『振り返り』をやってみますか」と助言したのは、子どもにとっての意味を一番に考える授業改善を求める上で、授業の最終場面で慌ただしくルーティーンになりがちだった「本時のまとめ」をするくらいならとの考えで提案したものでした。

まず、これまでのルーティーン化してしまっていた「まとめ」、すなわち教師が本時の教育内容の重点箇所を手短に整理して板書し、子どもはそれを急いでノートに写し取って結ぶというパターン、を考え直してもらおうとしました。「振り返り」は、シンプルに。その時間で子ども自身が各々に〈学んだと思うこと・わかったと思うこと〉を、たとえ拙くても自分の言葉でかまわないから書き留めること、まずはその時間を確保するよう勧めました。自分が“わかったこと”、学べた手応えを焦点化する練習です。その次の手として、次時はその書き留めたことから授業を出発することを心がけるよう提案しました。すなわち、「見通し」につなげようとしたのです。

図2・3は、令和元年（2019）6月21日に実施された6年生算数、東俊光教諭の校内研究授業「円の面積を求める公式の意味を考えよう」の授業冒頭の掲示です。これらは、前時の最後に子どもが書いた「振り返り」（図中、黒板に貼られた白地の紙）から東教諭が選んで取り上げたものです。それぞれの子どもの考えや疑問を、教師は読み上げながら青字で要約し（図中、太字で大きく書かれた文字）、焦点化しながらつなぎ合わせ（構造化し）、本時の課題へと共有して、本時の学習活動に入っていきました。

提案された授業では、子どもは皆でにぎやかながら実によく集中し、生き生きと発言し、学力差に関わらずどの子どもも自身の課題として真摯に取り組むようすが見て取れました。そして、それぞれの子どもが、それぞれの学びを自分の言葉で、また「振り返り」として書き留めて、授業は終わりました。次時はその「振り返り」を皆で共有し、学習課題へと形作ることから始まる、という流れでつながっていくのです。

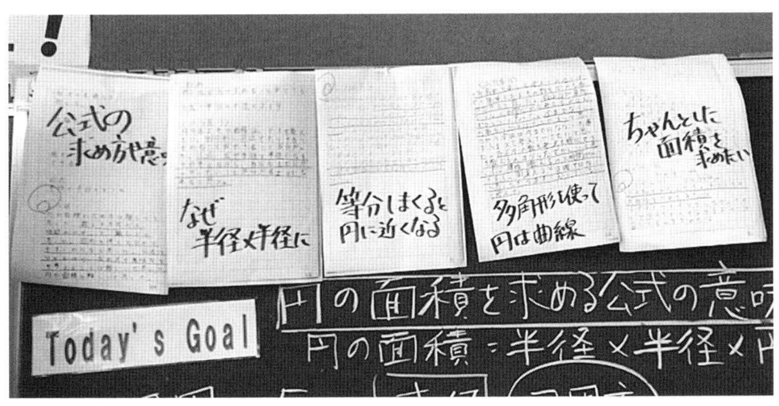

図２　黒板掲示①：前時振り返りから、本時の学習課題へ

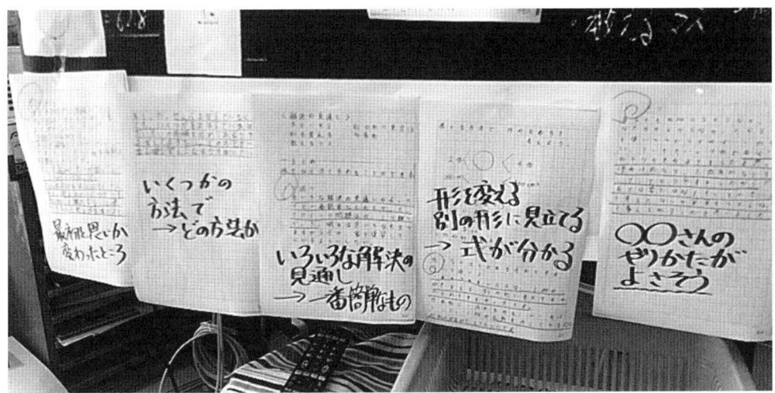

図３　黒板掲示②：前時振り返りから、本時の学習課題へ

⑶　メタ認知的学習能力としての「見通し・振り返り」

この双葉小での実践は、まさに〈学習を子どもに戻す〉試みになったと考えます。本時の学習課題は、子どもたちが考えた疑問や気づきを再構成し、自分たちの課題、自分たちがなすべき活動が何たるかを意識する作業から始まりました。前時からの疑問を解き明かすことが本時の課題そのものとなり、自然と学習は疑問を解き明かしていくプロセスになっていました。そして、最後のまとめも、各自が自分の考えや感覚、活動を終えた今何を意識しているのかについて、自分のことばで書き表した「わかったこと・考えたこと」で結ばれました。こうして学習活動は、子どもにとってひとつながりの“学びの物語”として意味を成しました。授業は、それを“みんなの課題”として取り組んだ実践になったのです。その意味で、本時の学習は、先生のもの（授業構想の正否）ではなく、子ども自身の学び（わかる・考えるがつながる経験）へと取り戻せたと見て取ったのです。

では逆に、学習自体が学習者の手を離れているとはどういう状態でしょうか。それは端的に言えば“やらされる学習”、“何のためにやるのかわかっていない学習”です。もちろん、そうならないために学習課題を、わかりやすい（と教師がお膳立てした！）ことばで、興味・関心を引く（はずだと用意した！）題材で、提示し、学習活動へと誘う、といった〈課題提示の工夫〉が、日本の学校の教授方法論的に、定番の方策であったといえるでしょう。しかし、その仕掛けからして、学習者自身の〈自分事〉にならない限り、“やらされる学習”から脱却はできないのです。

学習に対して、その学習が自分のものである・学習の主体は自分であるという「行為主体性」を高めることが求められてきましたし、自分の考えや行為を省察するメタ認知能力がその行為主体性の特徴の１つだと指摘されています（いずれも、A. Bandura）。

メタ認知の視点で学習への取り組みを考えると、「モニタリング」や「コントロール」といった知的営みが重要です。モニタリングは、意図したことと対象とを照らし合わせ見渡すような知的営みです。「気づき」（例：「これって、何か変だ」）、「感覚」（例：「なんだかちがうような気がする」）、「予想」（例：「これなら解けそう」）、「点検」（例：「この言い方でいいかな」）、「評価」（例：「これで納得できる」）などの対象との向き合い方です。コントロールは、対象について取るべき行動を制御することです。「目標設定」（例：「自分が納得できるレベルにまでもっていこう」）、「計画」（例：「わかっているところから手をつけていこう」）、「修正」（例：「さっきとはちがうやり方にしてみよう」）などの対象との向き合い方です。行為主体性を高めるためには、こうした認知を働かせ自分の行為に伴って結果が生じるのだという「随伴性」が必要だと確かめられてきたのです。

このようなメタ認知としての知的営みは、果たして、どれだけ注意深く授業の中で取り扱われてきたでしょうか。ただ「こう考えましょう」「こうしてみましょう」と言うだけでなく、自ずとそう考えていけるように方向付ける、そう考えながら実際に対象と向き合ってみる、そういう随伴性を意識した場面や瞬間を、学習プロセスの中に、教師の系統的判断と子どもの成長発達の見取りで組み込まれていくべきです。教師からの単なる“声掛け”（“やらせる”学習の技法）に留めず、メタ認知的な活動をどう学んでいくのかを考えるべきでしょう。

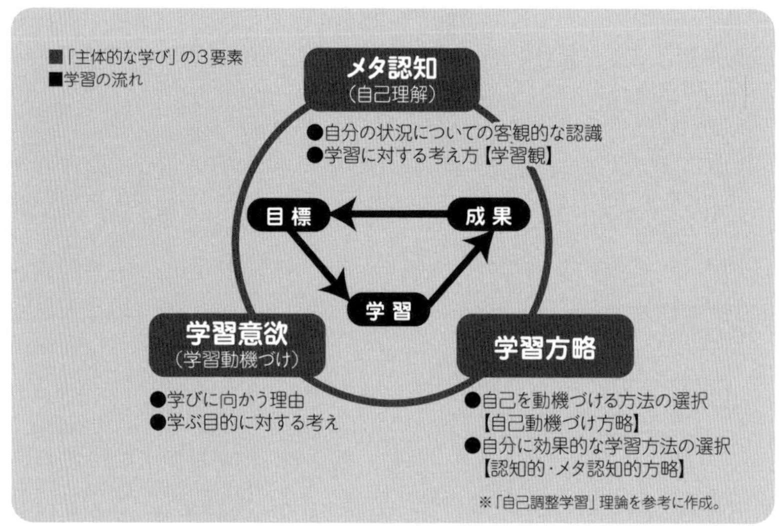

図4 「主体的な学びの3要素」(ベネッセ教育総合研究所初等中等教育研究室, 2014)

例えば、そのような仕組みによる学びの技法を、本書で紹介した「eduScrum(エデュスクラム)」は、実にシステマティックに体現化しています。その学びの様式自体を、ただ教師が教え込むのではなく、教師も同時にその学び方の様式で導いていくよう教授行為ごとデザインされているところが特長です。メタレベルの認知を子ども自身の手で、**学習方略として自ら身につけていける学習**のプロセスがメタ認知的学習能力への方途として見出されるべきでしょうし、そのための一つの具体的な手立てとして、「見通し・振り返り」が注目されているのです。

「見通し」を持つことは、学習の課題や授業のめあてとして、視覚化され、学習者がより明晰に意識できることが肝要です。何のための今日のこの学習なのか、その目的や目標を先取りし、ゆるやかに学習の向きを焦点化します。もちろんそれは、学習活動の内実としっかりとつながっていなければいけません。掲げた課題やめあてと、それを解いていく作業や活動が、不自然さのない文脈で結びついて具体化されたものであることが、学習者に納得されなければいけません。そのようにして取り組んだ学習活動の「振り返り」は、学習者自身が活動の成果や気づきを“学んだこと・気がついたこと”として自らのことばで言語化したものであることが、次時へとつながる秘訣となります。例えばルーブリックのような学習者自身による学習の評価方法も開発され活用されています。しかし一歩まちがえて“与えられた”“やらされた”自己評価に留まるものだと、そこで示される項目は学習者にとって自分事にはならず、他人事のようなチェックシートに陥ってしまうことでしょう。

「見通し」が「振り返り」と結びつき、次の学びのもととなっていくサイクルを生み出すことに意義があります。「見通し」「振り返り」は、学習を学習者がモニターし、コントロールしていくための、まさに、学習者が学習を自分のものへと取り戻すための手がかりになるのです。

〈引用・参考文献〉

- 国立教育政策研究所「平成25年度 全国学力・学習状況調査 報告書・調査結果資料」（http://www.nier.go.jp/13chousakekkahoukoku/）2013年。
- ベネッセ教育総合研究所 初等中等教育研究室（邵 勤風）「第59回 学び方の工夫で家庭環境による格差を縮められるのか ──「小中学生の学びに関する実態調査」の結果から ──」（https://berd.benesse.jp/shotouchutou/opinion/index2.php?id=4355）。
- Bandura,A., 2001, Social cognitive theory: An agentic perspective, Annual Review of Psychology,52, pp.1-26.
- Bandura,A.,1989, Human agency in social cognitive theory: American Psychologist, 44, 9, pp.1175-1184.

3
対話のある授業をつくる ―ハワイの哲学的対話の実践を例に―

言語活動や対話を取り入れ、子どもたちが互いから学び合う機会を作ることの重要性が、近年多く語られています。では、どのようなテーマについて、どの程度子どもたち主体の議論を促せばよいのでしょうか。また、そもそも子どもには対話する力がどれほど備わっていて、教師は授業中の言語活動を通してその能力のどのような部分をより一層伸ばそうと意識すればよいのでしょうか。

(1) 言語は学問の基礎であり、また生きる力の根幹？

言語はあらゆる学問の基礎であり、学校の授業でも知識をインプットするだけでなく、理解したことを自分の言葉でまとめ直したり考えを発表したりする言語活動を取り入れ、子どもの言語能力を高めることが重要だと言われています。

とりわけ2000年代には「国語力」への注目が高まり、2004（平成16）年２月の文化審議会答申「これからの時代に求められる国語力について」では「学校教育においては、国語科はもとより、各教科その他の教育活動全体の中で、適切かつ効果的な国語の教育が行われる必要がある。すなわち、国語の教育を学校教育の中核に据えて、全教育課程を編成することが重要であると考えられる」と記されました。また、2008（平成20）年1月に出された「幼稚園、小学校、中学校、高等学校及び特別支援学校の学習指導要領等の改善について（答申）」には、「国語をはじめとする言語は、知的活動（論理や思考）だけではなく（中略）コミュニケーションや感性・情緒の基盤でもある」と記されています。すなわち、豊かな心や「生きる力」を育む上でも、言語に関する能力を高めるために活動を取り入れていくことが重要だとされているのです。

では、言語を使って会話をするだけで、知的活動や感性・情緒の基盤は十分に育まれるのでしょうか？　ここでは、「哲学対話」と呼ばれる手法を見ながら、知的活動や感性・情緒の基盤を築く言語活動に必要なエッセンスについて考察します。

(2) 子どもが生まれながらにして持っている特性を潰さない

マシュー・リップマンという哲学者は、人種差別撤廃運動やベトナム戦争への反対運動が激化した1960年代のアメリカの大学で教える中で、当時の大学生たちが、世界を変えたいという志を持っている一方で、それに必要な論理的思考能力（reasoning）が十分に育っていないのではないかと疑問を持ちます。そして、次世代の子どもたちには真っ当な論理的思考能力を身につけてほしいと願い、それを育むための方法を模索しました。

「合理的(rational)なこと」と「論理的に筋が通っている(reasonable)こと」の意味を区別しながら、リップマンは論理的思考能力を持った子どもを育てるためには、まず学校という機関が論理的に筋の通っている場であることが重要だという考えに至ります。しかし実際のところ学校の仕組みというのは、たとえ合理的であると言えたとしても、必ずしも子どもにとって筋の通っていないことが多く、義務教育が始まるキンダーガーテン（日本でいう幼稚園の年長児）の段階まではほとんどの子どもが「生き生きとしていて、好奇心旺盛で、想像力豊かで、探究心を持っている」のに、しばらくするとこうした素晴らしい特性を徐々に保てなくなり、受動的になる傾向が高いことを問題視します。リップマンはこの現象を引き起こしているのは学校教育のあり方の問題だと考え、教育を転換させる仕掛けづくりを開始します。

こうしてリップマンは1969年に『ハリー・スコッテルマイヤー氏の発見（Harry Stottlemeier's Discovery）』という哲学小説を自ら書き下ろし、６年生の教室に持ち込みました。小説を読んだ子どもたちは、物語に織り込まれた論理的な法則を驚くほど早く理解することができたと言います。さらに、その小説を読んだうえで子どもたちはリップマンとともに問いを出し合い、対話しながらそれらの問いへの答えを探究しました。こうして、リップマンが模索していた論理的思考能力を養う哲学教育実践、Ｐ４Ｃ（Philosophy for Children：子どものための哲学）の方法論が形づくられたのです。子どもの知的好奇心と探究心を育み続けるこの実践は、子どもたちが生まれながらにして持っている特性を大切にするという意味で、「筋が通っている」と言えます。さらに、子どもたちが提示した問いへの答えを、対話を通して協働的に探ることで、論理的思考能力の発達を後押しすることもできると考えたのです。

(3) 学びのコミュニティをつくるための哲学対話

P4Cの取り組みは、1974年にリップマンらがモントクレア州立大学に「子どものための哲学研究所（Institute for Advancement of Philosophy for Children)」を設立したことで、哲学者以外の立場の人間にもP4Cの取り組みが開かれるようになり、様々に実践の形を変えながら世界的に広まりました。P4Cの理念をもとに世界で展開された数多くの種類の実践は、国際的には広く「探究コミュニティ（community of inquiry; CoI)」、日本では「哲学対話」と呼ばれることが一般的です。この哲学対話の流派の一つに、ハワイで展開されるP4CHI（Philosophy for Children Hawai'iの略称）があります。

リップマンが誕生させたP4Cの方法論とP4CHIとの最大の違いは、その目的にあります。先述の通り、リップマンは次世代の論理的思考能力を育むことを目的にP4Cを開発しました。その後、社会性やケアする姿勢など、いわゆる非認知能力と呼ばれるようなものの育成にも効果があることがわかり、P4Cの目的の幅は拡げられていきますが、それでもなお根本にあるのはやはり論理的思考能力の発達だと言えます。

一方で、リップマンの手法を学び、ハワイで実践を始めたトーマス・ジャクソンらは、その目的を「探究するための、知的に安全なコミュニティ（intellectually safe community of inquiry）づくり」に設定し直したのです。

目的の変更は、実践形態にも現れます。

第一に、ジャクソンらは哲学者や哲学を専攻する大学院生が専門家として教室に入るのではなく、あくまで教師のパートナーとして参加する仕組みをつくりました。これは、教室にいる子どもたちの学習についてもっともよくわかっているのは教師であるという前提、いわば教師が持つ教育者としての専門性を尊重し、その専門性を基盤として安定的な実践を展開しようという考えが現れていると言えます。こうして、哲学対話は論理的思考能力を育むための特別のプログラムという位置付けから、学校の日常的な教育活動に根ざした取り組みへと変容しました。

第二に、哲学対話の活動と子どもたちの日常の中での学び、そして学校での学びの連動性を高めるために、ジャクソンらは哲学小説の活用を取りやめ、子どもたちが日常生活や授業内容の中で抱いた問いをもとに対話する形に修正しました。ジャクソンは大学の哲学科などで教えられる哲学を「大文字の哲学（Big-P philosophy）」と呼び、リップマンの哲学小説は大文字の哲学をわかりやすく教えるのには効果的であるものの、子ども自身が構築する哲学、いわば「小文字の哲学（little-p philosophy）」を促すには不十分ではないかと考えたのです。考えるべき問い、考えるに値する問いを専門家が設定するのではなく、より自由に、子どもたちの日頃の学びや思考に沿った問いを取り扱うことを重視したのがP4CHIの特徴であると言えます。

(4) 哲学対話で何が生まれるのか

よい哲学対話が実現できた際に生じ得る成果として、ジャクソンは以下の４つを挙げています。

①混乱・複雑さの自覚（考えていた問いがとても深く難しい問いであったことを知る）

②概念同士のつながりへの気づき（例えば、公正性という概念と他者との接し方とのつながりに気づく、など）

③自分なりの答えや新たな問い、さらなる探究の糸口の萌芽（なお、同じ哲学対話の場に参加していても、ひとによって何が得られるかは異なる）

④哲学対話の中で取り扱ったテーマに関連して何かしらの行動をとろうと思える姿勢

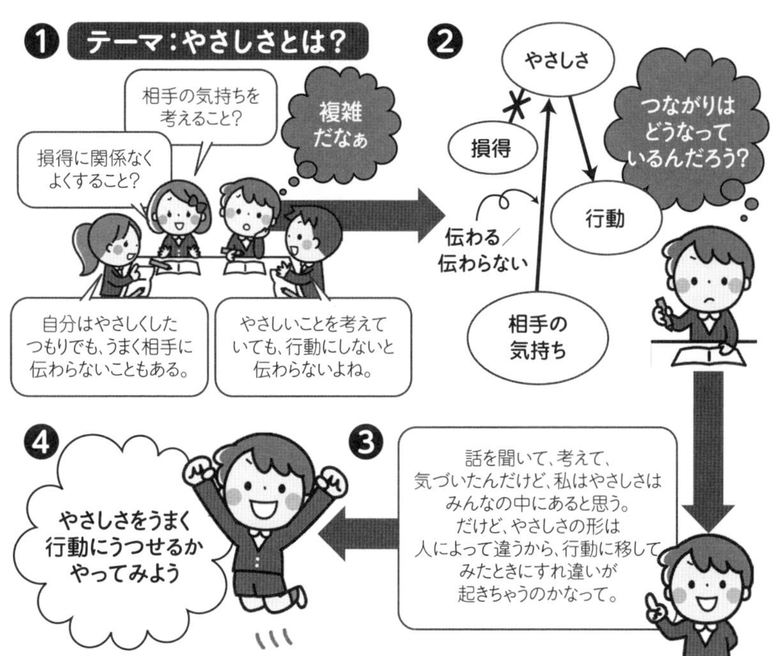

これらの指標から哲学対話がよいものになったかどうかを判断しようとするP4CHIの取り組みと、論理的思考能力の育成に重点を置いた誕生当時のP4Cとの違いは大きいと言えます。こうしたジャクソンの考えを基盤としたP4CHIの取り組みは近年、日本の学校にも取り入れられることが増えてきています。

ジャクソン曰く小文字の哲学の中身とは、世の中を理解する上で誰しもが個々に構築している知識群であり、さらに世の中と向き合い続けることでこうした知識群を見つめ直し、編み直すことを「小文字の哲学実践（activity of little-p philosophizing）」と呼びます。世の中を自分はどのように理解しているのかを言語化し、その理解を互いに伝え合いながら、よりより理解へとそれぞれが更新していく営み―これはまさに知的活動と感性・情緒の基礎を育む言語活動のあり方だと言えるのではないでしょうか。子どもたちの言語能力を伸ばすために、語るべきこと、考えるべきことを教師や大人が設定するのではなく、子どもたちがテーマや問いを選択したり生み出したりする力を信じてそこから任せることで、より幅広い能力の発達、さらにはより「筋の通った」学校の実現が可能になるのかもしれません。

〈引用・参考文献〉

・Lipman, M.（2003）. Thinking in education [Second Edition]. Cambridge University Press.

・Jackson, T.（2012）. Home Grown. *Educational Perspectives: Journal of the College of Education/University of Hawai i at Mānoa*, 44:1-2:3-7.

・Jackson, T.（2017）. Gently Socratic Inquiry.（教師用ハンドブックとして開発された冊子）

3

見通しと
振り返りの中で、
自律的、協働的な
学びを支える
エデュスクラム

協働的に学びに向かう新たなプロジェクト学習 ──エデュスクラム──

この章では、子どもたちが協働的に学びに向かう新たなプロジェクト学習の方法として、エデュスクラム（eduScrum）※について紹介します。第１節ではエデュスクラムを支える理論を、これまでの学校教育の取り組みを踏まえながら解説し、２節ではその活用方法を、そして３・４節では、実践例を紹介します。

※「eduScrum」はエスを大文字で表記。これは「Scrum」に教育実践版として活用する際に、eduが後からつけられたため。

(1) エデュスクラムの背景理論（プロジェクトマネジメント）

「プロジェクト」とは、一般的に、ある目的を達成するための、開始と終了が定められた時限的な活動のことを指します。学校現場においても、「プロジェクト学習（PBL: Project Based Learning）」という学習方法が採り入れられていますが、プロジェクト学習のプロジェクトも、定められた時間の中で、多くの場合は複数人が集まって協働し、成果を創出していく過程を通じて学ぶという活動です。

プロジェクト学習を効果的に実践するためには、いくつかの工夫が求められます。例えば、学習者の参加意欲をどのように高め、興味・関心を持ってもらうか、チーム活動を滞りなく、かつ偏りなく進行させるにはどのようにすればよいか、活動を通じて経験したことを学習者の「学び」につなげるためにはどのようにすればよいかなどです。

エデュスクラムは、これらのポイントについて配慮されたプロジェクト学習の方法論です。エデュスクラムは、スクラム（Scrum）というプロジェクト管理の方法を応用して考え出されたもので、スクラムの考え方を多く取り入れつつ、教育実践用に新たに考案されたものです。

エデュスクラムを学ぶに先立ち、まずはその背景理論となる「プロジェクト」と、そのプロジェクトを成功に導くための方法論である「プロジェクトマネジメント」について触れておきましょう。

プロジェクトマネジメントの考え方は、子どもたちの課題解決的な学習をよりよいものとするエッセンスとして参考になります。

昨今では、プロジェクトの考え方も、それが利活用される領域も広がってきており、いろいろな形態が想定されるのですが、いずれにしても特定のテーマに対して、複数名でまとまって、課題や目標に向かって活動していくという形態が共通しています。では、プロジェクトを進めるにあたり、どのようなことが大切になってくるのでしょう。

・目標、ゴールを設定（=プロジェクトを定義）する

まずは、何を達成し、何のために取り組むのかという目標を明確にする必要があります。子どもたちの学習ならばなおさらでしょう。専門的な表現を用いると、「プロジェクトを定義する」ということです。初期の段階で目標、ゴールを設定することが大切になります。

・プロジェクトの開始と終了を設定する

次に、プロジェクトの開始時点と終了時点を設定します。プロジェクトは「期限がある活動」というのが条件になっています。これは当たり前のことのように思われますが、私たちが日常的に暮らしていくうえで、スタート地点とゴール地点が明確に区切られていることは、時間的に制約されているという状況を除くとあまりないことなのです。したがって、どの時点からスタートするのかということを考えることは、実は緻密な検討を必要とします。学校の授業で取り組む場合には、教師と子どもたちとであらかじめ、「いつからいつまで」あるいは「どこからどこまで」を確認しておくようにします。

・プロジェクトに主導権をゆだね、責任範囲を明確にする

プロジェクトの開始と終了を明確にすることは、プロジェクト（チーム）の責任範囲を明確にすることにもつながります。私たちは、子どもたちに主体的にプロジェクト活動に取り組んでほしいと願うのですが、ポイントは、「プロジェクト（チーム）にどれだけ主導権を持たせることができるか」です。

一旦プロジェクトが開始されたら、子どもたちが、目標志向の姿勢、さらにはポジティブでリフレクティブな姿勢で取り組むことができるように、教師は支援の役割に回ります。活動が迷走したり、目標から大きくそれてしまうようなことがなければ、進捗に細かく干渉することは避けます。それは、主体性を損なうことにつながりかねないからです。

そのためにも、プロジェクト開始前にルールの確認をしておくこと、そして、目標までのプロセスを明確で具体的にしておくことが必要だといえるでしょう。

・チームの編成～学校ではどのようなチーム編成が可能か～

チーム編成の方法として、まずプロジェクトリーダーと呼ばれる運営責任者が選ばれ、そのリーダーがプロジェクトの条件を勘案してプロジェクトメンバーを招集する場合があります。また、プロジェクトメンバーが選任され、その中でリーダーの役割を果たす人が選任される（互選）ことがあります。ビジネスの世界では、前者によってチームが編成されることが多いのですが、学校現場においては後者になることも多いでしょう。その際に意識しなければならないのは、活動を開始する前までに、プロジェクトにおける活動の内容と、個人の役割を必ず結び付け、明確にしておくことです。これは、プロジェクト活動におけるフリーライダー（何もしない人が出てくる）を出さない工夫の一つでもあります。

・役割と役割の関係性に留意する～仕事の質と量に着目して～

複数名が関わることにおいて、それぞれの役割と役割（人と人）との関連性についても、あらかじめ確認しておく必要があります。特に、役割Ａと役割Ｂがあった時に、Ａが終わらないとＢを始めることができない、という場面に遭遇することもあるでしょう。このことを専門的には「依存の関係にある」と表現しますが、この場合は、この２つの役割（仕事）は順を追って実行されることになります。すると、この２つの役割を果たすためにかかる時間は並行作業ができないため、短縮が難しいということになります。

順番だけではなく、仕事の「量」にも敏感でなければなりません。ビジネスの場面でも、金銭面だけではなく、時間という要素はプロジェクトを進行するうえで非常に重要なものとして扱われています。Aの仕事をしている間、Bはそれを待たなければならないということや、Bが仕事をしている間、Aはそれを待たなければならないという「待つ仕事」が存在する事態は非効率と考えられるかもしれません。

役割分担をするときには、得意不得意やかかる時間、仕事の依存関係などが絡み合う複雑な方程式を解くことが必要となってくるわけです。そこで、この方程式を解いて計画を立てられるようになるために、子どもたちにどこまでの材料を提供するのか、を教師が判断しなければ（枠組みをつくらなければ）なりません。

(2) 走りながら考える ── 新しいプロジェクトマネジメントのあり方とエデュスクラムの実践

・新たなマネジメントの考え方

ここまでに紹介した「プロジェクト管理のポイント」は、実際の仕事に取り掛かるまでの計画段階に大きな力点が置かれています。いったん走り出すと、お互いに与えられた仕事（タスク）に分業で取り掛かりはじめますので、やっぱり計画が間違っていたから最初からやり直す、というようなことはなかなかできません。そのようなことが起きないために計画段階に多くの時間を費やします。

しかし、プロジェクト管理の現場では、綿密な計画だけでは必ずしもうまくいかないということも通説になっています。プロジェクトが走り出してからでも、相互に連携、コミュニケーションをとりながら常に適宜修正を行い、柔軟に進行することも重要だという認識が広がってきています。この方式を「アジャイル型」と呼んでいます。

このアジャイル型の考え方が登場するまでは、プロジェクトマネジメントの成否はほぼ100%といっていいほど計画段階に重点が置かれていました。そのため、どれだけ精緻な計画を立てることができるかということと、そのプロジェクト活動をどれだけ設計の内容に忠実に、かつ正確に進行させることができるかが成功のカギであったわけです。この綿密な計画のもとに分業し、粛々と物事を進め、着々と成果にたどり着くのが最高のマネジメントというわけですが、残念ながらそのように成功を収めるケースは必ずしも多くありませんでした。

・走りながら考えるアジャイル型のプロジェクト
――すり合わせ、気を利かせることがプロジェクトを動かす――

そこで、新たなプロジェクトマネジメントの考え方が求められるようになり、その１つが先に紹介したアジャイル（Agile）型と呼ばれるものです。アジャイルには敏捷的であるとか、早いというような意味があるわけですが、アジャイル型では、初めにある程度の設計を行うものの、プロジェクト活動が始まってからも、設計と実行のプロセスを細かく繰り返していきます。

もちろん、このようなことは日常的に当たり前に行われる連携プレーでありますが、実はこの方法にも多少のリスクがあります。それは連携という動作が行われないと、次の準備がはじめられないということです。このコミュニケーションが行われることが、タスクを「すり合わせながら進める」と表されている内容です。

もしそのような連携がなかった場合でも、**気が利いている人同士**であれば、それでも先にできることはやってしまおうと考えることでしょう。この気が利いているということは、何も特別な子どもにだけ備わった能力というわけではありません。ポイントとなるのは、「目標が明確になっていること」です。そうすれば「その予定より遅れているのではないか？」と勘づいた段階で、「何か工夫をしないと間に合わないかもしれない」という懸念が働くはずだからです。その結果、遅れに気づいた段階で、何かやれることを探すことにつながります。この目的が共有されているということが、成功の秘訣というわけです。

・スクラムを活用したエデュスクラムの誕生
～学校教育での大いなる期待～

このようなアジャイル型のプロジェクトマネジメントの方法論として注目されているものの１つとして、本節の冒頭にご紹介したスクラム（Scrum）と呼ばれる方法論があります。スクラムはトヨタ自動車の「カンバン方式」を取り入れて考案されたと紹介されています。カンバン方式とは、JIT（Just-In-Time）方式とも呼ばれており、その特徴は、「必要になったら、必要になった分だけ取り入れる」というもので、具体的には「細かい仕事単位で調整する」という点が強調されています。

素早く対応ができるように仕事は細かな単位に分けられ、**メンバーはそれぞれの仕事に取り組みながらも、常に相互につなぎ合わせるために**

調整を行います。この調整の作業こそが「スクラム」、つまりラグビーで選手同士が肩を組みあってボールを運んでいる姿になぞらえているわけです。

そして、このスクラムという方法は、すでに学校現場にも取り入れられています。この方法論を考案したジェフ・サザーランドが執筆した書籍「スクラム」の中では、オランダの中等教育学校で理科（化学）の先生をしているウィリー（Willy Wijnands）先生が考案したとされるエデュスクラムと称する事例が紹介されています。

このエデュスクラムは、現在では、学校版スクラムの取り組みとして開発が続けられており、エデュスクラム財団によるホームページも作成され、各国語に翻訳されたエデュスクラム実践ガイドブックが公開されています。

エデュスクラムは、複数名でプロジェクト型の学習に取り組むことが想定されています。開発者のウィリー先生は化学を担当していますので、化学のとある１単元などをとりあげ、例えば「なぜ液体は蒸発する（気化する）温度がそれぞれ異なるのか？」などというテーマをグループに与え、プロジェクト学習に取り組みます。プロジェクトの成果物は、このテーマに関する活動報告書であったり、プレゼンテーションであったりします。この過程自体は、いわゆるプロジェクト学習や探究型学習として日本でも類似の実践が見られますが、エデュスクラムが注目されるのは、その学習過程にスクラムが導入されているということです。

エデュスクラムは、例えば総合的な学習の時間や課題解決的な学習、さらには特別活動で、その効果を発揮することが期待される方法と言えます。

次章では、日本の学校教育の実態に合わせたエデュスクラムの活用方法を紹介します。

〈引用・参考文献〉

・ジェフ・サザーランド著、石垣賀子訳『スクラム── 仕事が4倍速くなる“世界標準”のチーム戦術』早川書房、2015年。
・平鍋健児、野中郁次郎『アジャイル開発とスクラム』翔泳社、2013年。
・鈴木安而『図解入門 よくわかる 最新PMBOK第6版の基本』秀和システム、2018年。

エデュスクラムを活用した授業づくり

―― その活用方法 ――

エデュスクラムは、課題解決的な学習過程をもつ授業や総合的な学習の時間及び特別活動などにとても親和性があります。第２節では、エデュスクラムの活用方法を紹介します。

(1) 協働的・自律的な学習を支えるエデュスクラム

私たちとエデュスクラムとの出会いは2015年９月に遡ります。オランダのある中等教育学校を訪問した際に、エデュスクラムを活用した教育方法を紹介され、模造紙と付箋を使ったシンプルな方法でありながらも、生徒たちの協働的な課題解決を手助けするエデュスクラムに魅了されました。

そして、翌2016年８月には、中心的な開発者であるオランダの前出のウィリー氏らを訪ね、エデュスクラムの基本的な考え方や活用の効果等について授業を参観しながらうかがいました。本節では、親しみも込めてウィリー先生とお呼びすることにします。

さらに、2019年２月には、再度ウィリー先生を訪ね、日本の学校での実践を踏まえ、エデュスクラムを効果的に活用するための方法等について、助言を得ました。この後、具体的に紹介していこうと思います。

(2) エデュスクラムの活用にあたって3つのものを準備する

①　②

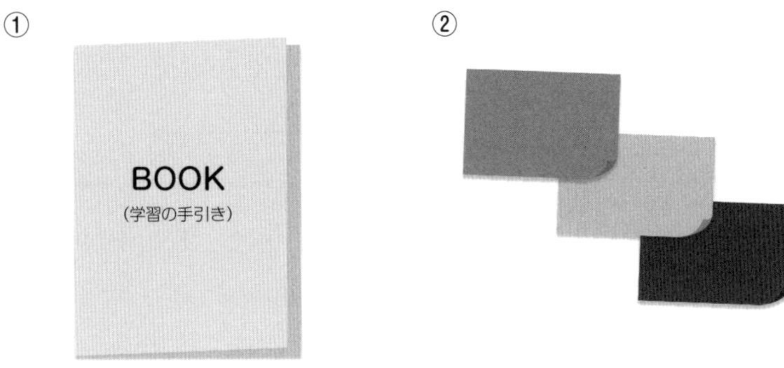

③

全体テーマ：

アイテム	メンバー	分　担	作業中	完　成
情報収集（青）→考え整理すること（黄）→プレゼン準備等（桃）				

完成の定義	学習を進める モチベーション・楽しみ	点数 0	全体のゴール グループのゴール 〔　　〕

① 学習の手引き<ブック（ブック）>

子どもたちの学習の指針になる資料で、教師が作成します。ブックには、テーマや問題の背景、調べること、調べ方、まとめ方等を内容として入れます。

② 付箋

エデュスクラムの活動ではとても重要になります。3色（青、黄、桃など）用意します。チームごとに各色10～15枚用意します。サイズは7.5㎝×5㎝が手ごろです。

③ フリップ

エデュスクラムの活動を支えるのがフリップです。拡大コピー機などで模造紙サイズのものを作成します（各チームに1枚）。

これは単元（題材）を通じて活用することになります。

(3) エデュスクラムの活用方法

・学習の質を保証するブックを準備します

エデュスクラムは、総合的な学習等において、子どもたちが学習対象と出合い、見通しを立て、自律的に課題解決を進めて行く過程で効果を発揮します。しかし、学習の質を高めるためには、

「どんな対象に出合い」

「何を調べ考えるのか」

「どんなまとめや表現（プレゼンテーションを含む）をするのか」

等を教師が十分に検討しておくことが必要になります。

そこで、エデュスクラムの活用にあたっては、学習の手引きに相当す

るブックを作成し、子どもたちがそれを参考にしながら計画を立て課題解決に取り組んでいけるようにします。ここは教師の教材研究がとても重要になります。

なお、ブックには、必ずしも固定的な内容・スタイルはありません。ただ、子どもたちが課題解決を進めるにあたり、指針となるように、以下のような内容を含めておくといいでしょう。

○ 学習のテーマ
○ 本単元（題材）の評価規準
○ 問題の状況や背景
○ 解決のために調べるべきこと、考えるべきこと
○ グループで取り組む課題例
○ 調べ方（複数）
○ まとめ方、表現方法　など

※次ページのブックの例は、教員対象ワークショップ用に作成したものを一部簡略化しています。また、本ブック作成に当たっては、政府広報ホームページ等を参考にしています。

eduScrum
Book

今回のテーマは、
「もったいない」を伝えよう

世界では、すべての人が食べるのに
十分な食料が生産されている一方で

8億1,500万人（世界人口の9人に1人）がいまだに飢餓空腹を抱えたまま眠りについています。

さらに、3人に1人が何らかの栄養不良に苦しんでいるのが現状です。

3. 調べることを考えよう（all item）

<各グループが共通に調べること>
- ○ 日本の「食品ロス」の実態と国の対策を調べる。
- ○ 我が国の主な食料自給率を調べる。
- ○ ある国の食糧確保の実情と課題を調べる。

<グループの提案内容に合わせて調べること>の例
- お店の取り組みの調査、効果、客の意識の聞き取りを行う。
- 各家庭での工夫を調べる（インタビュー・質問紙）。
- 学校全体の給食の残飯の実態と対策、意識を調べる。
- インターネットや図書を使って調べる。子供の貧困は、ワールドビジョン・ジャパンのHP(https://www.worldvision.jp/が参考になる。
- 残り物を利用したレシピのつくり方を調べ、やってみる　など

4. プレゼンの方法を決めよう

○多くの人にアピールするために、効果的な方法を考えましょう。
○今回は（演習のため）各チームに2枚の模造紙が提供されます。
- ・油性ペン(12色)、色画用紙も用意してあります。
- ・2枚の模造紙をパネルに掲示し、プレゼンを行います。
- ・写真やアンケート集計を資料として掲示するなど工夫しましょう。
- ・見出し、文字量、色使いなどを工夫しましょう。

○プレゼンの持ち時間8分です。
○12時間目にはプレゼン（模造紙）を完成させ、練習も終えよう！

※作成したプレゼン（模造紙2枚）を使って、○月○日に市役所ロビーで「もったいないフェスティバル」に参加します！

○**単元の目標**：我が国の食品ロスの現状から課題を見出し、人々の食生活の在り方等との関係から探究に取り組み、現状や改善の取り組を発信したりする。

○**単元の評価規準**

「知識・技能」 食品ロスの問題を貧困や飢餓、環境問題に着目して理解し、具体的な改善の行動に結び付ける。

「思考・判断・表現」 食品ロスの現状や改善の取り組みなどに関する探究に取り組み、考えを深め、分かりやすく表現する。

「主体的に学習に取り組む態度」 エデュスクラムを活用し、見通し・振り返りながら、主体的・協働的に探究に取り組む。

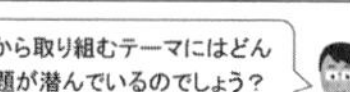

1. 問題の背景を確認しよう　（※一部抜粋して掲載）

日本の**食品廃棄物等は年間2,759万トン**、そのうち食べられるのに捨てられる食品**「食品ロス」の量は年間643万t**と推計されており、日本の**人口1人当たりの食品ロス量は年間約51kg**です。日本の食料自給率は38%で、食料の多くを海外からの輸入に依存しています。また、**世界の食料廃棄量は年間約13億t**で、人の消費のために生産された食料のおおよそ3分の1を廃棄しています。このように、食料を大量に生産、輸入しているのに、その多くを捨てている現実があるのです。

食料破棄量

年間 約13億トン	年間 643万トン

2. 調べ、探求し、"伝えること"を決めよう(=goal)

○ "もったいない"を伝えるにはいろいろな方法・内容があります。グループで、よく話し合って決めましょう。これがこの単元の学習のゴールになります。
- 日本の食品ロスの現状
- 食料確保の困難な国の状況と我が国の現状
- みんなの家の「食品ロス」対策はこれだ
- 地域の○○スーパーの「食品ロス」対策
- 「食品ロス」を減らすレシピ
- 給食の残飯調べと対策
- もったいない運動を知らせよう
- 世界の子供の貧困の現状

などなど・・・皆さんのグループでは何を伝えますか？
○「興味・関心のある事」に加え、「実行可能」であることが大切です。
○ゴールは、上に示した例から選んでも構いません。

また、ブックの量も、指導内容に応じて様々です。前ページに示したブックは、Ａ４サイズ４ページで構成されています。先生方を対象としたワークショップを開催した時に作成したものです。

なお、生活科で活用する場合には、教科書をブックの代わりとして活用することも可能です。前ページで紹介しているブックのテーマは「もったいないを伝えよう・広げよう」です。

Attention!　～ブックには必ず評価規準を入れる～

授業には必ずねらいがあります。とりわけ総合的な学習は、学校が児童生徒に育成したい資質・能力を基に評価の観点を定め、評価規準を設定していきます。

この評価規準を児童生徒向けの言葉にして、単元（題材）の学習をスタートさせるときに示します。教師も児童生徒も、学習のねらいを意識することで、見通しを持ちやすくなるばかりでなく、学びの質を高めることにつながると考えるからです。

・ブックとフリップを活用してエデュスクラムをつくる

ここでは、小学校６年生「もったいないを伝えよう・広げよう」をテーマとした総合的な学習の実践を例に、エデュスクラムの活用方法を紹介します。

単元(題材) の導入場面でのエデュスクラムの活用

① ゴールを設定する

まずは、ブックを使って、何を学習するのか、どんな問題があるのかを十分に話し合います。大きなテーマ「もったいないを伝えよう・広げよう」及び全体のゴールは教師から提示しますが、ブックを活用しながら、自分たちのチームのゴールを検討し、右下の「グループのゴール」に記入します（**図中①**の部分）。なお本実践例は12時間で設定しているため、12時間目のゴールということになります。**大きなテーマに対して、自分たちは何を調べ、追究し、実行に移していくか、じっくりと検討することがポイントです！**

② ゴールを実現するためのアイテムを検討する

ゴールが決まったら、次は、ゴールを実現するために必要なアイテムの検討です。アイテムには当然、

・調べる内容

・調べたことを分類したりグラフ化したりして思考する活動

・それらをプレゼンテーションするなどの表現活動

などが考えられます。

このアイテムを検討する段階は、授業でいえば、１時間目から２時間目に行うことになるでしょう。つまり単元（題材）の導入です。

ここでブックを活用しながら、アイテムの検討に取り組みます。このアイテムが実際に子どもたちが取り組む内容ですので、じっくりと考える時間を取ります。もちろんこの段階でICTを活用して予備的に調べる活動が入ってくることもあります。

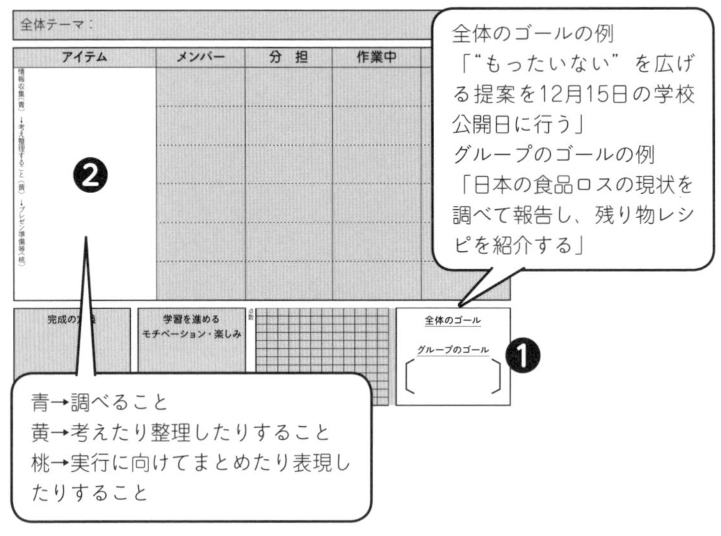

フリップの左端には、「情報収集（青）」、「整理・分析（黄）」、「まとめ・表現（桃）」と書いてあります。つまり、自分たちのゴールに向かって必要なことを、「調べること」、「考えたり整理したりすること」「最後の実行に向けてまとめたり表現したりすること」を検討します。その際、付箋を青・黄・桃の３色に分けます。付箋１枚には１項目を書きます。

付箋の枚数と内容が、そのチームの学習内容に大きく関わってきますので、教師は、付箋の種類、内容等をチェックしながら、「こんなことも調べてみたらどうだろう」「調べたことをどのようにまとめていけばよいだろう」などと助言することが大切です。

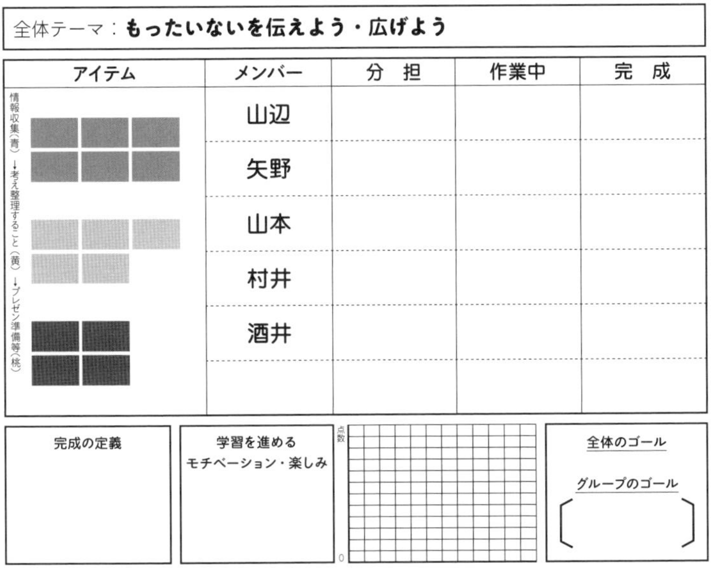

全体テーマ：**もったいないを伝えよう・広げよう**

アイテム	メンバー	分担	作業中	完成
情報収集（青）→考え整理すること（黄）→プレゼン準備等（桃）	山辺			
	矢野			
	山本			
	村井			
	酒井			

完成の定義	学習を進めるモチベーション・楽しみ	点数 / 0	全体のゴール グループのゴール 〔　　〕

共同で行うものもある

実際にエデュスクラムを活用した授業を見ていると、例えば「○○についてインタビューする」など、友達と２人で取り組むアイテムも出てきます。その場合には、付箋に２人の名前を書いておくといいでしょう。またメンバーの欄は上のフリップでは６人分書けるようにしてあります。５人で行う場合には、６段目が空欄になりますので、そこには、共同で行うアイテム（付箋）を貼るなど工夫するといいでしょう。

③　プロジェクトに取り組むメンバーの名前を書き、アイテムを分担する

「メンバー」の欄にチームのメンバーの名前を書きます。先頭に書くのは、スクラムリーダーの名前です。つまりこの単元（題材）を学習するめのチームリーダーです。

次に、書き出したアイテムを分担します。ここではチームのメンバーの強みを生かして作業を分担することを意識しましょう。

そう、チームのメンバーには、それぞれ“得意”“強み”があります。それを話し合い、だれがどのアイテムを担当するかを決めます！

また、**抽出したアイテムは、いきなりすべてを分担する必要はありません。**特に、整理・分析（黄色）、まとめ・表現（桃色）の付箋は、学習の順番としては後半になりますので、そのままアイテムの欄の中に残しておくといいでしょう。そうすると、次ページのフリップのような状態になります。

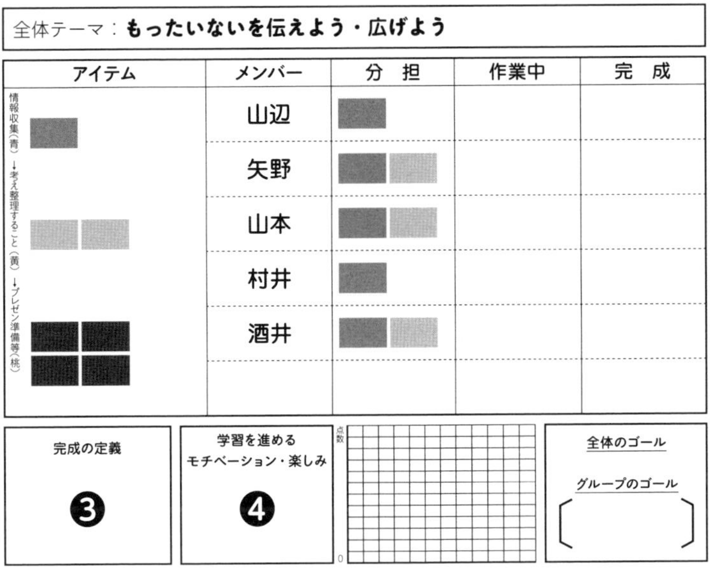

全体テーマ：**もったいないを伝えよう・広げよう**

アイテム	メンバー	分担	作業中	完成
情報収集（青）→考え整理すること（黄）→プレゼン準備等（桃）	山辺			
	矢野			
	山本			
	村井			
	酒井			

完成の定義	学習を進めるモチベーション・楽しみ	点数	全体のゴール
❸	❹	0	グループのゴール 〔　〕

④「完成の定義」「学習を進めるモチベーション・楽しみ」を決める

上図の段階までできたら、調べたり、考えたり、まとめたりする活動に入りたいところですが、あと２つ決めておきたいことがあります。ここがエデュスクラムの大きな特徴であり、良く工夫されたところです。決めておきたいのは、**上図**の❸❹の部分です。

一つは**「完成の定義」**です。もっと簡単に、**「『できた』のルール」**としてもいいでしょう。つまりプロジェクトをグループで進めますから、学習の質を保証するには完成の定義が必要になります。分担されたアイテムに取り組み、「できた」と思って「完成」の欄に入れてしまうと、それが本当にできているのかどうかわかりません。

そこで、「作業中」から「完成」に付箋を移動させるときには、メンバーに自分が分担して取り組んできた内容を聞いてもらったり見てもらったりします。その時の基準をグループで作って、書いておきます。そして、作業内容をチームの他のメンバーが了承した場合、はじめて「完成」となります。実際には、「根拠があった」「分かりやすかった」「事実が確かである」などが完成の定義となると思います。最初のうちは、クラス全体で決めておくのもいいと思います。

ここはエデュスクラムによる学びの質保証の仕掛けの一つになります。

「完成の定義」の右に❹があります。**「学習を進めるモチベーション・楽しみ」**です。

学習をスタートさせる前、つまりアイテムや分担を考えるときに、「学ぶことの楽しさ」も語らせたいのです。日本の学校教育では、ある内容を学習する際に「学ぶ楽しみは何？」というような質問はあまりしないように思います。勉強は頑張るものという考えが強いのかもしれません。しかし、大人だって楽しいから何かにチャレンジしたり、継続的に学んだりしています。「食べ残しを減らす取り組みを考えて発表するのが楽しみ」「残り物を使ったレシピを作って食べるのが楽しみ」「このメンバーで一緒に学ぶのが楽しみ」……そんな楽しみを学習をスタートさせる前に話し合わせ、言葉にして記入していきます。

単元（題材）の展開からまとめの場面でのエデュスクラムの活用

① エデュスクラムを使って学習を進める

エデュスクラムはつくって終わりではなく、毎時間の始まりや終わりに必ず使います。始まりで使うときは、

「誰が何をするのだろう」「グループ全体だとどこまで進んでいるだろう」「残っている作業は何だろう」「分担を見直す必要はないか」

などと、自分たちの取り組み課題や進捗状況を確認します。そして、授業のまとめの段階では、できたところまで付箋を動かし、必要に応じて、友達に自分の作業内容を伝え、「完成」としてよいかどうか判断します。

全体テーマ：**もったいないを伝えよう・広げよう**

アイテム	メンバー	分　担	作業中	完　成
情報収集（青）→考え整理すること（黄）→プレゼン準備等（桃）	山辺			
	矢野			
	山本			
	村井			
	酒井			

完成の定義

学習を進めるモチベーション・楽しみ

点数

0

全体のゴール

グループのゴール

〔　〕

さて、ここでもう一つの工夫に着目してみましょう。エデュスクラムの中には、グラフがあります。次ページに取り出してみました。グラフの縦軸は、アイテム（付箋）の合計点、横軸は、授業時間を示していま

す。

このグラフの例は、アイテムの付箋が24枚（１枚10点）あり、合計点を240点として設定しています。また単元（題材）を12時間で設定しています。

もちろん合計点はそれより多くても少なくても構いません。小学生でしたら、アイテム１つ（付箋１枚）を10点として考えるのが分かりやすいでしょう。中高校生でしたら、内容によって重みづけをしてもよいと思います。

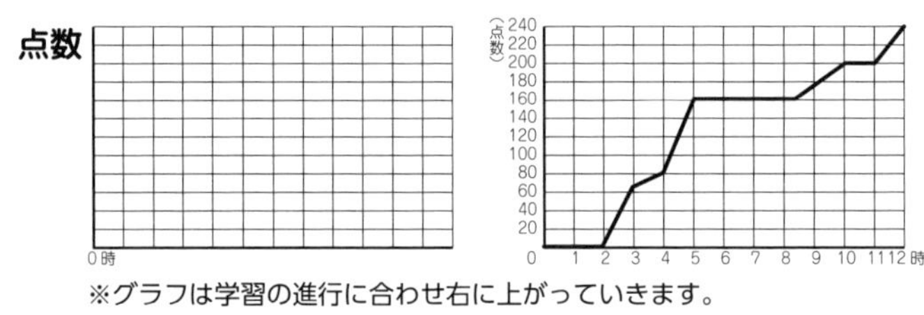

※グラフは学習の進行に合わせ右に上がっていきます。

もしアイテムの付箋１枚を10点とした場合、１枚の作業が完了すると10点になります。上のグラフでは、１・２時間目にエデュスクラムを使った準備を行った関係で、グラフに変化はありません。しかし、３時間目には60点になっています。これは６枚の作業が終わったことを意味します。

また５時間目から８時間目にかけては点数が変わっていません。この状況を子どもたちに考えさせたいのです。

「恵子さんがお休みだから協力してあげないとね」

「今難しい作業に取り掛かっているから、放課後も少しみんなでやっていかないか」

といった会話が生まれてきます。このグラフは自分たちの学習の進み具合を、自分たちの取り組み方という視点からチェックすることを可能にしています。

なお、ウィリー先生は、この部分にグラフ用紙を活用する工夫をしていました。

② メタ認知的な振り返りと見通しをもちながら学ぶ

下のフリップに❹と❺の矢印を付けてみました。これは振り返りの視点です。**エデュスクラムがもつ２つの振り返りの視点**です。

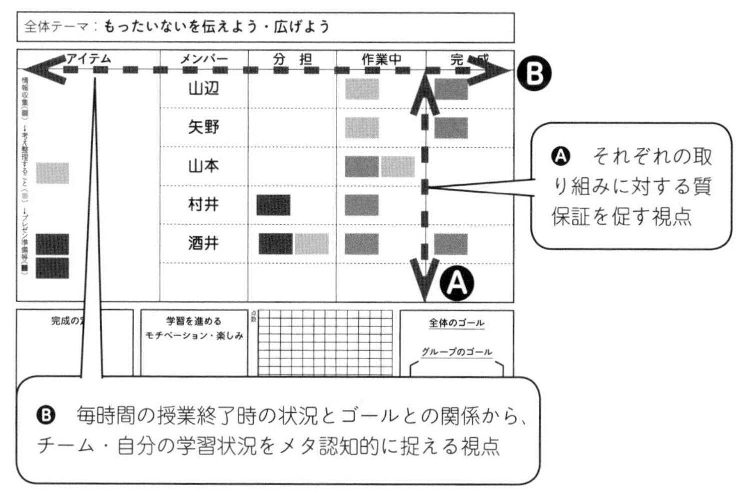

❹は、作業中のアイテムを「完成」にしてよいかどうかを判断するときの振り返りです。自分が担当したアイテムの付箋を、❹のラインを越えて「完成」に入れるには、その質が十分に保証されている必要があります。

つまり、**Ⓐは、それぞれの取り組みに対する質保証を促す視点です！**

そして、振り返りを行う際、「完成の定義」が大いに役立ちます。「できた」と勝手に判断して「完成」の欄に入れてしまうと、本当にできているかどうかわからず、学びの質保証にはなりません。「完成」に移すときには、調べたこと、考えたことなどを、チームの仲間に伝え、そこで了承をもらうようにします。この時機能するのが、「完成の定義」なのです。

もう一つはⒷの振り返りです。これは授業時間数と進行状況の関係から、自分たちの学習がどの位置にいるのかを俯瞰的に捉えるメタレベルの振り返りを可能にします。

Ⓑは、毎時間の授業終了時の状況とゴールとの関係から、チーム・自分の学習状況をメタレベルで捉える視点です！

実際に、エデュスクラムを使って授業を進めている学級では、Ⓑの振り返りを通して「あと３時間で授業は終わりだから、これ私が家でやってくるよ」「一緒に休み時間に進めよう」などと言った発言が出ていました。

そう、エデュスクラムは、自分たちの学びの過程を可視化させ、メタ認知的な能力を発達させるうえでも有効に機能するのです。このことで、子どもたちが見通しと振り返りを行いながら自律的に学習を進められるようにします。

エデュスクラムは、アクティブ・ラーニングを基礎とした授業づくりにおいて、学びの質保証を支援し、メタ認知的な思考活動を促進できるツールであり、教師にとってもまた子どもたちにとっても学びのプロセスと責任を可視化することが可能になるものです。

また、今回紹介した事例は総合的な学習の時間でしたが、文化祭や修学旅行等の特別活動、あるいは教師が協働で取り組む校内研究等での活用も可能です。

フリップのサイズ

フリップは、スクラムチームで活用するものなので、やはり模造紙程度の大きさが使いやすいと思います。ウィリー先生もこちらを推奨しています。

ただし３人程度のチームで取り組む場合には、Ａ３またはそれよりやや大きめのフリップ、2.5㎝×５㎝の付箋を使って実施することもできます。保管という面ではこのサイズは便利になります。

(4) 小学校低学年・生活科でも活用が可能

生活科は、「活動や体験」を学習原理としていますが、それは単発の活動や体験ではなく、思いや願いを実現する過程として、学びのプロセスが重視されています。思いや願いは簡単には実現しません。そこに学びがあります。試してみたり、見通しを立てたり、やり方を工夫したりしながら活動し、それらをさまざまに表現する活動が行われます。エデュスクラムはこのような学びの過程を支えるツールとして低学年の児童でも活用することが可能です。

低学年ですから、チームの人数を３人から４人程度にするなどの配慮は必要ですが、例えば、チームでの制作活動や遊びの企画などでは、エデュスクラムが有効に活用できます。

下に生活科で活用できるフリップの例を示してみました。

アイテムを考えるときの付箋の色分けや完成の定義などの部分は省きました。しかし使い方は、これまでに示したものと同様です。

・自分たちがやりたいことに対して、何に取り組めばよいのか、そこを十分吟味させます。

・まずは、チームの友達と、自分たちがやりたいことを実現するために「とりくむこと」を話し合い、分担をしていきます。

・そして、「できたもの」に付箋を移動する前には、「チームのみんなに報告する」というルールを作っておくといいでしょう。

・フリップのサイズも、模造紙半分程度で作成するとよいと思います。

だい：

とりくむこと	メンバー	じぶんの やること	いま やっていること	できたもの

チームのめあて	チームのマーク

低学年の生活科のフリップの例

※ウィリー先生は、フリップの形式も生徒の発想を取り入れながら改良をしています。今回ここで紹介しているものは、多くの先生方が、総合的な学習等で使いやすいようにスタンダードな形式として紹介しています。

※参考 『eduScrum ガイド』(2015 年 9 月、http://eduscrum.nl/en/file/CKFiles/The_eduScrum_Guide_1.2_japan.pdf)

エデュスクラムを活用した総合的な学習の実践
―小学校―

エデュスクラムは、子どもたちが探究的な学習を進める上で、とても有効に活用することができます。ここでは、小学校の総合的な学習の実践※を例に、エデュスクラムや学びの指針となるブックの作成及びその活用について、子どもたちの学びの姿を通じて紹介していきます。

※本実践は、筆者（山本）の前任校である豊島区立千早小学校で行ったものである。

(1) 本実践のねらい

・小単元の概要

この小単元は、6年生のキャリア教育の一環として位置づけています。本校がある地域は、漫画の聖地と呼ばれている「トキワ荘」があった場所で、手塚治虫をはじめ赤塚不二夫、藤子・F・不二雄や藤子不二雄Ⓐ、石ノ森章太郎などが住んでいました。日本の文化を象徴する一つの漫画やアニメの礎を築いた先人たちが住んでいた地であるにもかかわらず、今ではその事実を知る人は少なくなってきているという地域の課題がありました（本小単元の実践当時）。そこで、世界的な活躍を遂げた漫画家たちの功績を学び、その功績をより地域の人に多く知ってもらうために、自分たちでショートムービーを作成して発信していくことをこの学習のねらいにしました。

・本単元の評価規準の設定

本校では、総合的な学習の評価の観点として、

・課題を設定する力　　・情報を収集する力

・整理・分析・表現する力　　・まとめ・生かす力

という4つを設定しています。そこで本実践は、この観点を基に、次のような評価規準（criterion）を設定しました。子どもたちにとってみれば、この評価規準は、学習を通じて、具体的に何をどの程度のレベルで実施することが期待されているのかを理解する指針となるものであり、単元の学習のスタート時に、教師と子どもたちとで共有しました。

課題を設定する力	・豊島区ゆかりの漫画家に興味をもち、トキワ荘通りお休み処を見学したり地域の文化財を保存するために尽力している人の話を聞いたりして、課題を設定している。
情報を収集する力	・文献やインターネットの活用、トキワ荘や千早図書館の見学、漫画家へのインタビューなどを通して、漫画に込める想いや願い、漫画家としての生き方について情報を収集している。
整理・分析・表現する力	・活動を通して分かったことや調べて分かったことなどを友達と共有しながら整理・分析し話し合いを通して、めあてにそってショートムービーを作成しようとしている。
まとめ・生かす力	・漫画家や地域の文化財に尽力されている方の生き方を通して、自分の将来を考え、これからの生き方について考えている。

・学習の流れ

①トキワ荘通りお休み処（見学施設）を見学しに行く。
→たくさんの漫画家がいたことを知る。
→施設長から話を聞き、トキワ荘が地域の人にあまり知られていないという課題があることを捉える。
②自分たちにできることを考え、プロジェクトのゴールを決める。
③プロジェクトのゴールを達成するための計画を立てる。
（本実践では、この段階で教師がブックを作成した。）
④ブックをもとにして、グループごとにエデュスクラムを作成する。
⑤グループごとに活動に取り組む。
（毎時間エデュスクラムを活用する。）
⑥漫画家の功績を紹介するショートムービーを作成する。
（毎時間エデュスクラムを活用する。）
⑦ショートムービーを用いて下級生や保護者、地域の人に発表する。
⑧それぞれの学びを振り返る。

(2) 本実践で活用した「ブック」とその準備

総合学習では、子どもたちが学習の目的と見通しをもち、課題解決に向けて主体的に取り組んでいけるように展開していく必要があります。

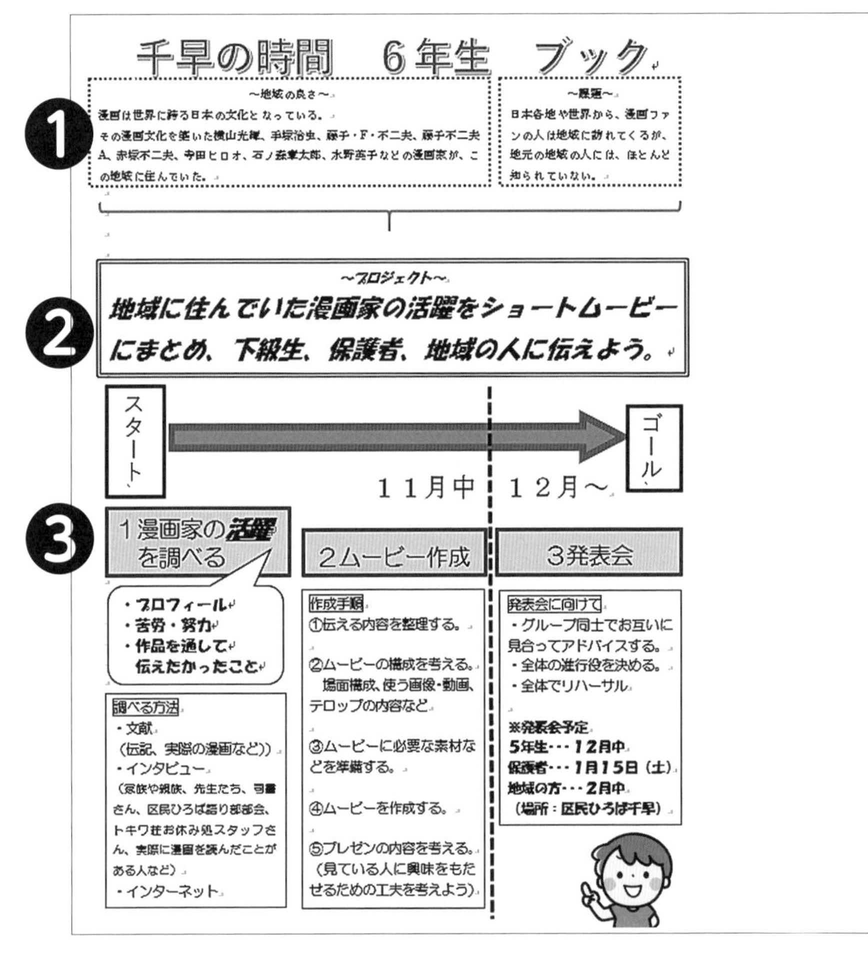

そのためには、あらかじめ必要な情報や大まかな道筋を共有しておく必要があります。ここで紹介するブックは、旅行のガイドブックのような役割を持ち、子どもたちの学びの指針になるものです。本実践では、このブックをどのように作成していったかを紹介します。

【2ムービー作成　のポイント】

・題名は「(漫画家の名前) の人生」とする。
①漫画家のプロフィール（写真・生年月日・出身地・代表作品など）
②漫画家としてデビューするまでに苦労・努力したこと
③作品に込めた想い・作品を通して読者に伝えたかったこと
→***無地の背景と言葉のみで切り替え***ていく。

写真・動画
・不必要な部分は撮らない。（必要に応じてトリミングする※1）
・見せたい部分は大きくして撮る。
・効果をつける場合は、見せたい部分が被らないように注意する。

長さ
・短すぎないようにする。⇒初めて見る人は、理解するのに時間が必要。
・長すぎないようにする。⇒展開が遅くなると飽きてしまう可能性あり。
・文字の長さに合わせて調整する。

文字
・2行以上にしない。（文字を大きくする）
　例　△「〇〇さんは、バイトと漫画の執筆活動の掛け持ちを20年以上も取り組んで、とても苦労されていました。」
　　　〇「バイトと執筆の両立　20年以上」
・色のルールを統一する。
（説明は黒　大切なキーワードは赤　のようにムービー全体で統一する）
・効果をつける場合も、ムービー全体でルールを統一する。
・画面の写真に合わせて見やすい字幕を選ぶようにする。

音楽
・伝えたい内容、メッセージ性に合わせた音楽を選ぶ。
・不必要な効果音やBGMは使わない。
（伝えたいことが伝わりにくくなってしまう。多くても3～4種類程度にする。）
・ソフトに入っていない音源を使いたい場合は、先生に相談する。

【操作方法Q&A】

Q1.トリミングのやり方はどうやってやるの？

PC→6131（L:）→ピクチャ→カメラロール→写真を選んで右クリック or 長押し→プラグラムから開く（H）→Photo　Gallery→編集、整理、または共有→編集したい画像をダブルクリック→トリミング（上のバー）で編集→ファイルを閉じる（右上×）を押しても自動保存されている

Q2.キューブキッズ　ポケットの中身（3種類）

①画像　②ムービー作業ファイル
（まちがって消さないように注意！）

図1　本実践で活用したブック（A3サイズ）

〈ブックに載せた内容と留意点〉

・教材の価値と課題

→子どもたちが学習する教材（題材）の価値や、テーマの背景となる課題について確認できるように明記します（**図中❶**）。

・プロジェクトのゴール

→ゴールを「何を（内容）、何のために（目的）、どのように（方法）」を含んだ表現で具体的に提示するようにします（**図中❷**）。子どもたちはグループに分かれて、これをさらに具体化して考えるわけですが、「内容、目的、方法」を共有することは、主体的な活動を引き出す上でも大切になります。

反対に、ゴールが「漫画家について詳しく調べよう」のように抽象的すぎると、毎時間の活動や見通しを持つ際にやるべきことが曖昧になり、学習の質が高まらなくなるので気を付ける必要があります。

・学習の流れ

→ここは、子どもたちと一緒にプロジェクトのゴールを達成するための学習計画を立てる際に、参考になるように書きます（**図中❸**）。「１．活躍を調べる」のところに、吹き出しで、

「・プロフィール　・苦労・努力　・作品を通して伝えたかったこと」と補足していますが、これは学びの質保証の一つの工夫です。「なんでもいいから調べてごらん」では、学びが深まらないことは

多くの先生方が知っていることだと思います。ここでは、子どもたちが何を調べればよいか明確化しました。

・調べる方法、ムービーの作成手順、発表会について

→今回は、子どもたちと学習計画を立てる際に話し合った内容・方法等を示しました。ブックは、子どもたちが教師の力を借りなくても自分たちで主体的に学習を進めていくためのツールです。とはいえ、子どもたちだけでは発想が及ばない内容や方法もあります。教師がぜひ取り組ませたい内容・方法についても書いておくといいでしょう。「先生からのアドバイス」という形で補足できるので子どもたちにとっても教師にとっても活用しやすいです。（**図中❹**）

ブックは学びの質保証に欠かせない

総合的な学習で、子どもたちに、「あなたの興味あることは何ですか」「ではそれを調べてみましょう」と投げかけても、なかなか質の高い学びにつながりません。このブックは、こうした状況を脱却し、学びの質を保証する役割を果たしてくれます。子どもたちにしてみれば、「学びの手引き」ともいえるでしょう。今回は、ブックに以下の内容を入れて教師が作成しました。子どもたちは、これらを手引きとしながら、自分たちのゴールを決め、学習を進めていきます。評価規準については、表現を柔らかくして１時間目に教師と子どもたちとで共有しました。

・教材の価値と課題
・プロジェクトのゴール
・学習の流れ
・調べる方法、ムービーの作成手順、発表会について

(3) エデュスクラムを活用して学ぶ

・本実践で活用したフリップ

本実践の対象は、小学校６年生であり、今回が２回目のエデュスクラムを活用した学習でした。

そこで、**図２**のようなフリップを用いました。完成の約束や学習することの楽しみ、モチベーションについては、単元の導入にクラス全体で話し合うことにしました。とりわけ、完成の定義については、ほかのメンバーが納得できることや調べた根拠があることなどを全体のものとして共有することにしました。フリップは、操作性を考えＡ３サイズにし、2.5cm×５cmの付箋を用いることにしました。

<table>
<tr><td colspan="6">グループの漫画家「　　　　　」
「漫画の聖地トキワ荘出身の漫画家の活躍をショートムービーにまとめて伝えよう」
伝える相手：下級生・保護者・区民広場・区内小学校の６年生」</td></tr>
<tr><td>グループでやること</td><td>名前</td><td>役割</td><td>やること</td><td>進行中</td><td>完成</td></tr>
<tr><td rowspan="4"></td><td></td><td></td><td></td><td></td><td></td></tr>
<tr><td></td><td></td><td></td><td></td><td></td></tr>
<tr><td></td><td></td><td></td><td></td><td></td></tr>
<tr><td></td><td></td><td></td><td></td><td></td></tr>
<tr><td colspan="3">【グループのゴール】
①プロフィール
②苦労・努力
③作品に込められた想いをショートムービーにまとめる。</td><td colspan="2">【学習することの楽しみ】
・地域に貢献できる。
・世界に一つのムービーを作成できる。
・学年全員で協力し合える。</td><td>☆完成の約束
グループ全員が納得できたら完成にする！</td></tr>
</table>

図２　本実戦で活用したフリップ（Ａ3サイズ。各グループ１枚）

・フリップの活用

①　フリップ上で操作する付箋を作成する（もっとも重要な活動！）

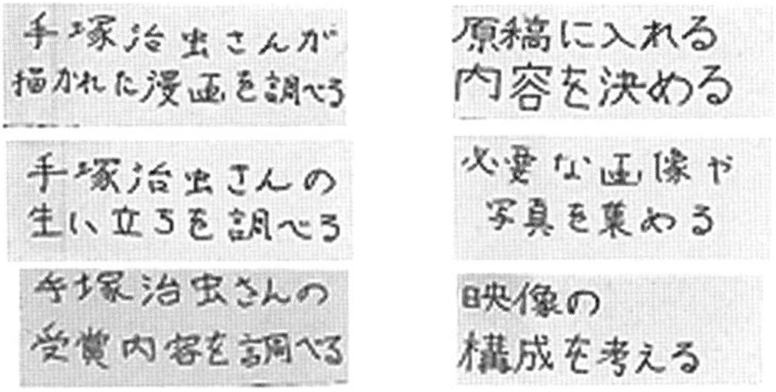

図３　必要な作業として書きだされた付箋（図２の「グループでやること」の欄に貼られる）

まず、ブックを基にしながらグループごとに、プロジェクトのゴールを達成するために、自分たちがやるべきことをすべて付箋に書き出していいます。ここでの活動が、学習の質にかかわってきます。

本実践では、「漫画家○○のプロフィールを調べる。」「漫画家○○が苦労したことや努力したことを調べる」というように調べなければいけないことを書いたり、「ショートムービーの構成を考える」「ショートムービーに使う音源を考える」というような、ショートムービーを作成する段階のものについて書いたりしていました。また、「発表の練習をする」「他のグループの人に見てもらってアドバイスをもらう」というような発表段階まで書いているグループも見られました。

②　調べる内容と方法は付箋の色を分けると効果的

調べる「内容」と調べ方やまとめ方などの「方法」を色の違う付箋で

書くという方法もあります。今回は同じ色の付箋に書かせ、そのあとに「内容」と「方法」を分けるようにしました。

この段階で大切なことは、「何を調べる必要があるのか」という内容面と、「ゴールまでにどのような活動があるのか」という活動全体の見通しがもてているのかどうかを見ることです。もし、必要な作業として書き出された付箋にそのような内容が不足していたら、教師側から「○○のようなことも調べるとよいですよ」というような付箋を貼ってあげると子どもたちの学びの質を高めることにつながります。

③　フリップの活用場面

エデュスクラムは、学習の始めと終わりに毎時間使用しました。

学習の始めでは、自分たちが今日の学習でやるべきことを確認し、めあてを決めるために使います。

学習の終わりでは、今日の学習で自分が取り組んだことをお互いに報告し合いながら付箋を動かしていきます。また、新たにやるべきことが出てきた場合、付箋を付け足す作業もこのタイミングで行うといいです。

④　グループで書き上げた付箋を分担し、作業に移ります

ここまでできれば準備完了です。いよいよグループごとに書き上げた付箋をメンバーで分担します。そして各自が担当する作業に１つずつ取り組みます。内容によっては、二人で取り組むものもあるでしょう。

そして、付箋を「進行中」から「完成」に移動させるときは、勝手に完成の欄に付箋を移動させず、グループ全員でその内容を確認します。例えば「発表原稿を考える」という作業ができあがったとしましょう。

この付箋を完成の欄に移動させるときは、グループ全員で発表原稿を読んで確認するということが必要になります。そうすることで、よりよくするための改善点を友達から教えてもらったり、グループの進捗状況を確実にグループの全員が確認できるからです。

⑤ アジャイル型の学び方だから、付箋は増えていく

学習の始めでは、ブックを基にして取り組むことを考えるだけなので付箋は20枚程度でしたが、活動を進めていくと分からないことや、新たにやらなければならない活動が見えてくるので最終的にはどのグループも付箋が40～50枚程度に増えていきました。むしろ、グループごとによって調べ方も異なれば、まとめ方も変わってくるので、グループによって書く内容が変わってくるものだと思います。

「付箋をすべて『完成』の欄に移動できれば、プロジェクトのゴールを達成することになる」と、分かりやすく考えることができるため、今の自分たちがどのくらい進んでいるのかを付箋の位置や数を見ることで把握することができます。こうしたメタ認知的学習能力を育むことができるのもエデュスクラムの特徴の一つと言えるでしょう。

子どもたちは、エデュスクラムを基に常に全体計画中における自分たちの状況を捉えるため、メタ的な発言がよく聞かれるようになります。

教師も安心できる

エデュスクラムは指導者にとっても、子どもたちの学習を内容面、進行面から把握できます。今回は、子どもたちは黄色の付箋を活用しましたが、指導者は、緑の付箋をもち、各グループのフリップを確認しながら、「不足している

な」と思うものについては、子どもたちと話し合い、指導者が持っている緑の付箋に書いて足していきました。

また教師は、ともすると子どもたちがみな同じことをしていないと心配になりますが、フリップを見ると、どのような計画でどのような進行状況にあるかが一目で把握できます。取り組んでいることが違っていても、信頼してその活動を見守ることができます。

(4) エデュスクラムを活用した実践の成果

【教師】①子どもたちの学習状況を細かく把握できる。
②個やグループに的確なアドバイスができる。
③子どもたちの活動時間を効率的に確保できる。
④学習の前に子どもたちに必要なものを準備できる。

実践の成果を教師側から見てみると、まず、エデュスクラムは、グループとしての学習の進行だけではなく、グループ内で分担している内容まで把握することができます。そのため、クラスの子どもたち一人一人が何を担当し、何に取り組んでいるのかを把握することができます。

また、エデュスクラムは毎時間の最後に更新されるため、次の学習が始まる前までに教師が見て付箋を付け足してアドバイスしたり、学習に必要なものをあらかじめ準備したりすることができます。そうすることで、授業中に子どもたちから急に「先生、○○が欲しいです」というようなお願いをされることもなく、効率よく学習をすすめることができます。

今回のプロジェクトは「ショートムービーを用いて発信する」というICT機器の活用としては少し難しいプロジェクトでしたが、エデュスクラムを活用したことにより、グループの進行状況やニーズに合わせて、事前にグループに必要なものを準備できたことから、スムーズに進めることができ、充実した学習を行うことができました。

【児童】①見通しを具体的にもてる。
②今の自分たちの状況をグループで共通理解できる。
③自分の役割だけではなく、グループ全体のためにできることを考え、行動できるようになる。

次に、実践の成果を子ども側から見てみると、エデュスクラムを使うことで、プロジェクトのゴールを達成するために、グループでやるべきことが明確になることが挙げられます。グループでやることが明確になれば、子どもたち一人一人が担う役割も明確になります。子どもたちにとっては、学習のゴールと自分のやるべきことが明確になるということが、主体的な学びをつくる土台になり、エデュスクラムはそのエンジンの役割を果たしてくれます。

クラス全体の学習計画やめあてを教師が毎回確認したり提示したりすることもよく見られたりしますが、全体で共通したものを提示するということは、全体に当てはまる共通項を提示することになり、言い換えれば子どもたち一人一人にとっては具体性に欠けることがあります。本実践でも、全体の学びの質を高めるために、必要な指導は全体の場で適宜行ってきましたが、あくまでも学習の主役は子どもたち一人一人です。エデュスクラムを用いて毎回、自分の活動内容を確認できることで、子どもたちが自ら本時のめあてを立て、本時の最後に振り返るという学びのサイクルを創り出すことができます。まさに、ポジティブでリフレクティブな学習者です。

子どもたちの学習の様子を見ていて、もう一つ成果として感じたことがあります。それは、**エデュスクラムを活用すると、グループ全体のやるべきことが一望できるということです。**自分がやるべきこと、友達がやるべきこと、そしてグループ全体がやるべきことなどです。そして、進行状況に応じてやるべきことを選択するために、思考力を使います。「自分がやるべきことが終わったら、何ができるのか」という子どもたちの協働的な学びの態度の育成をすることができます。

エデュスクラムを使った振り返りの場面（3年生の実践より）

○　課題になったこと・改善点

自分が担った役割を終えると、「完成」の欄に付箋を移す前に、グループの友達に確認してもらう場面を持ちます。今回は、完成の約束（どういう状況なら「できた」と言えるの）を、「全員が納得できたら完成にする」としたのですが、もう少し、学習のねらいに合わせて具体化しておく必要があったと感じています。そして見合う視点を子どもたちが持てるようになるとチェック機能を果たす教師の役割は必要最低限になり、子どもたち同士で行えるようになります。お互いに協力し合いながらゴールを目指してプロジェクトに取り組むからこそ、この見合う機会（「完成」の前の確認作業）は大切です。反対に、この見合う機会や見合う視点が確保されていないと、それぞれが任された仕事をただこなすだけの作業になってしまい、学びの質が下がってしまうので注意が必要です。

エデュスクラムを使うことで、子どもたちの学び方が変わります。教師が敷いたレールの上で、言われるがままに取り組み、こなしてきた姿はもうありません。そして教師の子どもたちに対する支援の仕方が変わります。子どもたちが楽しく意欲をもって学習に取り組めるように毎時間、仕掛けや資料を用意してきた苦労はありません。ゴールを目指して取り組む子どもたちを、一人一人に合わせて支援できるようになります。

今回は、エデュスクラムの活用例として６年生の総合的な学習の時間を例にして述べてきました。他にも、オリンピック・パラリンピック教育の一環で行われている「世界友達プロジェクト」の国調べなどをはじめ、社会科の歴史上の人物調べ、特別活動での委員会活動やクラブ活動、６年生の卒業に向けての取り組みをはじめとした各学校行事など、学校教育活動全般で活用することができます。

エデュスクラムを活用した文化祭の実践
―高等学校―

高等学校の特別活動・学校行事「文化祭」におけるエデュスクラムを活用した実践を紹介します。

立命館宇治中学校・高等学校は立命館大学の附属校であり、国際教育、キャリア教育に力を入れています。帰国子女が多く、IB（国際バカロレア）認定校であると同時に、部活動や生徒の自主活動も盛んです。2019年度からは文部科学省のWWL（ワールド・ワイド・ラーニング）指定を受けて教育実践を進め、その一環として「総合的な探究の時間」（コア探究）のカリキュラム開発も行っています。

(1) 本実践のねらい

・文化祭の位置付け

文化祭は1年間の学校行事でも特に重要なものと位置付けられています。各クラス、学年、クラブ、有志の団体、各教科など様々な団体による企画が行われ、校外からの来場者も多いです。ホームルーム活動としても生徒会活動としても、集大成の意味合いを持っています。

2018年度は生徒会が「本気の遊び」をスローガンとしました。それを受けて学年では、学年スローガンである「お客様から生産者へ」を体現する場と位置付け、サービスを提供する側として、来校者に満足してもらえる出し物を各クラスで企画・運営することを目指しました。

・なぜ文化祭の準備にエデュスクラムを用いたか

（学年主任の思い）

文化祭はクラスの大きなプロジェクトです。クラスの作品の質も重要ですが、その過程での生徒の成長こそが教育活動としては重要です。

しかし、文化祭を「プロジェクトを遂行する力を育てる学校行事」と考えてこれまでの取り組みを振り返ると、その過程には問題もありました。例えば、はじめに役割分担をしても、活動が始まるとそれぞれの分担が見えにくくなり、各パートのリーダーが目の前の作業に追われ、全体が見えなくなりがちです。また、リーダーが先の見通しを持てないことでHRを効果的に活用できないことも少なくありません。これらはどのクラスにも共通する課題でした。

本校ではコア探究（総合的な探究の時間）だけでなく、いくつかの教科でPBL型の授業が導入されています。それは生徒が自分たちでプロジェクトをマネジメントできる力こそが学校として育てたい力であり、将来生きる力と考えているからです。

このように考えたときに、エデュスクラムを本校に導入することは大きな意味があります。プロジェクトマネジメントのツールであるエデュスクラムを導入することで仕事の可視化や段取りをつける力などプロジェクトを進める力を育てることができると考え、クラスで実際に活用することになりました。

（担任の思い）

様々な行事の中でも特に文化祭は、クラス色が前面に出される一大プロジェクトです。私の担当学級は、帰国生の多いクラスであり、様々なバックグラウンドを持つ生徒が多く在籍するクラスです。個性豊かで国際色豊かであり、初めての「日本の学校の」文化祭に心をときめかせている生徒も多数いました。学年当初の自己紹介で、「どのようなクラスにしたいか」という質問に対して、多くの生徒が「楽しいクラス」と回答をしており、行事に対しては積極的に取り組む生徒が多く、初めての文化祭を成功させるための気合は十分でした。一方で、やる気はあるものの１つの未来を見据えてクラス一丸となり段取りを立てて物事を進める力は課題となっており、クラス企画の運営に関しても難航することが予想されました。そこで、作業を見える化し、クラス全体の進行状況を把握する必要があると考え、そのツールとしてエデュスクラムを用いることにしました。

・文化祭の評価規準（criterion）の設定

「本気の遊び」という生徒会スローガンのもと、学級では、クラスで一丸となり、一つの目標を達成することや初めての文化祭を楽しむことを目標に取り組むことにしました。

評価規準は以下のように設定しました。

○文化祭の準備・実施を通じた集団活動への参加を通して、幅広い人間関係を築くことができる。

○集団生活における自立、協働、相互扶助について自覚を持ち、活動しようとしている。

○相互理解と自他の尊重の精神に基づき、責任ある行動を考え判断することができる。

(2) 文化祭の準備

エデュスクラムを活用して取り組みを進めるため、手引き（ブック）を生徒に示しました。ただし、特別活動の特性を踏まえ、生徒が創造的・協働的に取り組めるように内容や方法は限定しないようにしました。

下は生徒に示したものを若干手直ししたものです。

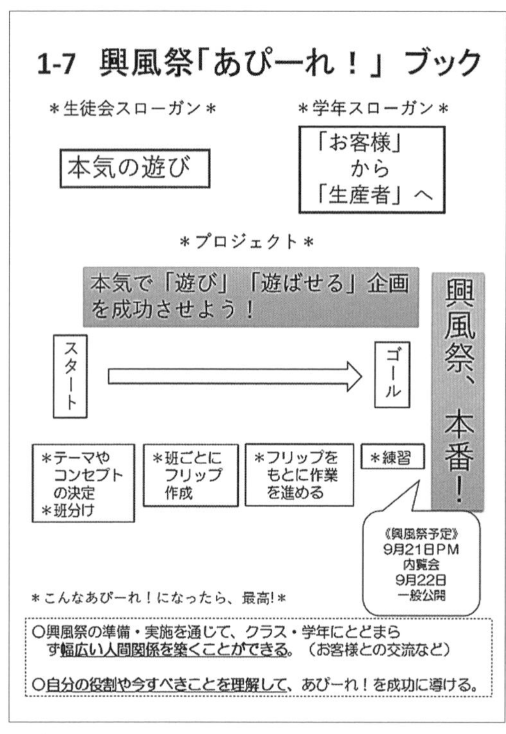

図４　生徒に示したブック（修正版）

・第１回（７月18日（水）13時30分から14時20分）

終業式を二日後に控えてのロングホームルームでは、班に分かれて、夏休み中から９月の文化祭本番にかけての準備について話し合いました。エデュスクラムについては班リーダーへの説明を先に行ってあります。

クラスの「あぴーれ！」のテーマは、「あなたの♡にシューティング」。コンセプトは、「青春×シューティングゲーム」です。担当は**映像班**４名、**クラスTシャツ班**３名、**デザイン班**９名、**ものづくり班（トロッコ）**８名、**ものづくり班（的）**10名、**装飾班**７名、に分かれました。

班分けは、実行委員を中心に男女比も考慮し、また夏休み中に集まって作業を始める必要があるので、あえて同じ部活の生徒を１つの班にしました。

エデュスクラム説明風景

各班のリーダーから説明を聞いた生徒たちはエデュスクラムのアイテム（班ごとに実際に行う作業）を書いていきました。ここでは、２か月後の文化祭のイメージがどの程度共有されているかが問題となります。リストアップしていく過程で、イメージが十分に顕在化していないことに気付くグループもありました。ともすると、テーマだけ決めて作業に取り組んでしまいますが、エデュスクラムは、テーマを実現するために何が必要かを十分考える機会を提供してくれます。

装飾班は、デザイン班がデザインをつくってくれないと動けないことに気が付き、デザイン班待ちと書きこんでいます。**デザイン班**は、自分たちが早く動かなくてはならないことを自覚し、夏休みに入る前にデザインを決めようと計画を立て始めました。**クラスTシャツ班**は、アンケート、デザインと書き込んでいました。それを見てアンケートを取るにはどんな手順がいるのかを少し助言しました。例えば、アンケートで何を聞くのかを決める、アンケートをつくる、配布する、集める、集計するといった手順があり、一つ一つが意外と手間がかかります。このように手順を考えていくことは大人でも意外と難しく、手順とそれにかかる時間を想定して、仕事を進めることができれば、手際よく仕事をこなしていくことが可能になるでしょう。エデュスクラムは将来の仕事をこなす力（段取り力、企画力、遂行能力）を訓練することにつながるともいえます。

まだエデュスクラムの意味や方法は浸透していませんでしたが、昨年度の取り組みを考えると、かなりの進度です。

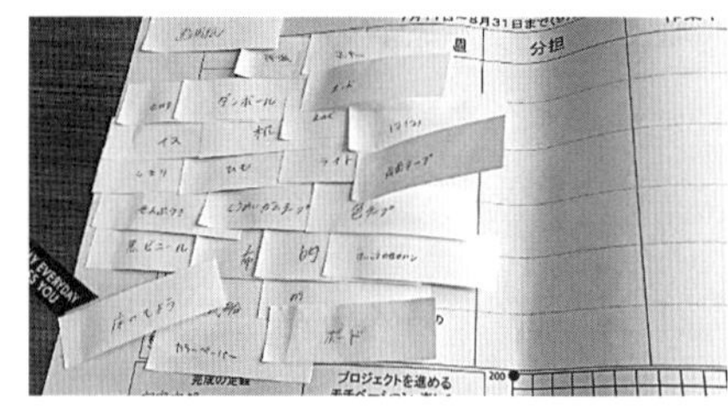

フリップに書き出したアイテム（装飾班）

・第2回（9月1日（土）ロングホームルーム）

２学期初めのロングホームルーム。本番まで残り20日余りです。夏休み中の活動をもとに、アイテムを動かしていきます。予想以上に夏休み中に活動ができていない班が多く、生徒は、自分たちが取り組むべきアイテムが動かせないことに気づいていきました。

クラスＴシャツ班では夏休み中にクラスの生徒にアンケートを実施し、Ｔシャツの色を決めました。しかし、業者選びや採寸、デザイン等ができておらず、「注文する」というアイテムが動かせません。「当日までに間に合わないのではないか」「もっと早めに動けばよかった」という焦りの声が響きます。まさに「責任」を実感している言葉です。

装飾班は、必要なものを書き出すということはできていましたが、同様に、その先には進めません。アイデアは出せましたが実際の活動ができていなかったためです。

両班に共通していたことは、アイテムに準備すべきものやとるべきものといった「名詞」しか挙げられていないということでした。

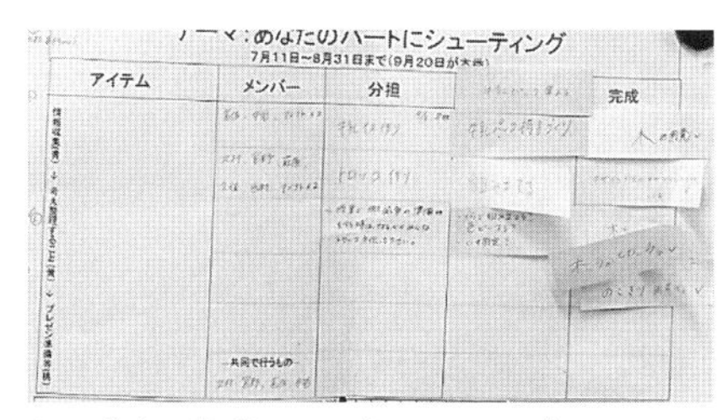

ものづくり班（トロッコ）のフリップ

一方で、アイテムの段階で「すべき行為」まで書けていた**ものづくり班（トロッコ）**では、トロッコの設計図の係となった生徒がそれを完成させ、材料の購入までには至っていました。作った設計図をもとに、どのように準備をしていくか、何が必要かといった話し合いが行われ、アイテムがフリップの「作業中」欄に動いていきました。

ものづくり班（的）では、トロッコ班のフリップを見てリーダーから、「自分たちの班は、夏休み中に全員の予定が合わず１回も集まれなかった。あっち（トロッコ班）はあんなに動いているのに……」という不安げな声が出されました。班ごとの活動になると、どうしても自分たちのことばかりが優先され、周りと進度を合わせることがおろそかになります。エデュスクラムを用いたことで、作業が見える化し、自分たちの班の作業の遅れに気づくことができたのは、大きな成果でした。

ロングホームルーム終了後、全班のフリップを掲示物用のホワイトボードに掲示し、クラスのリーダー生徒２名とともに、各班の進度を見て人員の割き方や作業の方法を指示するようにアドバイスをしました。教師も、各班のエデュスクラムを見ることで、全体の進捗状況や取り組みの質を捉えることができ、具体的なアドバイスが可能になります。

・第3回（9月10日～15日　放課後《文化祭優先期間》）

本番まで残り10日を切りました。この頃になると、エデュスクラムをうまく用いることができていた班とそうでない班の間で大きな差が見られるようになりました。

エデュスクラムをうまく用いることができていた**ものづくり班（トロッコ）**は、この時点でトロッコの部品を切るところまで作業が終わっており完成間近でした。この班ではリーダーがフリップの進行状況を見て、牛乳パック椅子の作成が遅れていることに気づき、トロッコに割いていた人員をその作成に振るという場面もありました。俯瞰的に自分たちの取り組みを捉えることができたのだと思います。これもエデュスクラムの特徴です。**映像班**では、台本作り、キャストの配役が決まり、順調に撮影に入ることができていました。ほとんどのアイテムが完成の欄に動いたところで、リーダーが「全部動いた！　先生、見て見て」とフリップを持ってきました。アイテムを動かすことで目標ができ、自分たちの作業が終わったことを確認できます。それにより、「やり切った」という達成感を得ることができたようでした。

一方、エデュスクラムをうまく用いることのできなかった班は、メンバーが「なぜ自分がその作業をしているのか」を理解できないまま作業をしているようでした。途中からアイテムを動かさずに作業をするなど、エデュスクラムの活用が適切に進められないと、ビジョンと目の前の作業がどのようにつながっているのかを理解するのが難しくなります。

リーダーを通じて、現状の確認とともに、班でビジョンを共有することなどをアドバイスし、結果すべての班が当日までに準備を終えました。

(3) エデュスクラムを用いた事例（映像班に着目して）

・フリップの活用

今回は、フリップはA3サイズにし、2.5cm×５cmの付箋を用いることにしました。まずは、完成の定義を話し合います。その際、「映像の完成」など漠然としたものではなく、「どんな映像なのか」をより具体的に書いていくことが望ましく、映像班では、「クラスの人材を最大限に生かした映画」を完成の定義としていました。

全体テーマ：**あなたのハートにシューティング**　7月11日～8月31日（9月20日が本番）

アイテム	メンバー	分　担	作業中	完　成
情報収集（■）→考え整理すること（■）→プレゼン準備等（■）				

完成の定義

学習を進める
モチベーション・楽しみ

点数
0

全体のゴール

グループのゴール

図５　各班で活用したフリップ

その後、完成に向けて必要な作業を考え、1枚の付箋（アイテム）に、1つの活動を書いていきました。例えば、撮影日程・キャスト・台本（セリフ）・台本（あらすじ）・編集・撮影場所……などです。

その後班のメンバーの名前を記入し、どのアイテムを誰が担当するのかを役割分担しました。第1回の話し合いの様子は次のようでした。

（第1回の話し合いにて）

A　どんな感じの映像にする？

B　うーん……。うちのクラスは、学年の中で一番キャラが濃いクラスだと思うし、どうせなら最大限にそこは活かしたいよね。

A　なら、完成の定義は、「クラスの人材を最大限に生かした映画」だね。

C　……でも、身内ネタに走っても面白くないと思う。先生もさっき言ってたし。

B　やっぱ、最低限人に見せられるものにしなきゃね。

A　うちのクラス、イケメンもかわいい子も多いし、それだけで撮影のモチベーション上がるよね。

B　それね。映画完成に必要なこととしては、「台本」と「キャスト」と……。

C　部活している人も多いから、「撮影日程」も組んだ方がいいと思う。予定立てやすいし……。台本は夏休み中にやるとして……。

撮影班の「アイテム」の検討場面

映像班はかなり具体的にアイテムが出てきています。１週前の話し合いの時点ではあまり進んでいませんでしたが、付箋を書き込んだことで俄然エンジンがかかったようで、次の日にはプロットを提出してきたことに教師も驚きました。それをもとにクラスの配役を決めていきます。夏休み前には、キャストのセッティングが完了しました。作業を見える化することで、自分たちの作業があとどのくらい残っているのかが明確になり、完成までの目途も立ちやすくなります。本番の２日前には映像が完成し、クラス内で試写会をすることもできました。

本番当日は、アトラクションの待ち時間に放映をしましたが、映像を見に何度も訪れる生徒がいるなど、大変好評でした。

○ハートにシューティング　動画内容
＊舞台：１－７
＊キャスト＆キャラクター
・転校生：美人。この子をめぐって争いがおこる。
・生徒Ａ　ヤンキーっぽい感じ。口調悪い。（男）
・生徒Ｂ　真面目っぽい感じ。メガネ。（男）
・生徒Ｃ　王子っぽい感じ。とりまきの女子がいる。（男）
・生徒Ｄ　転校生の幼なじみ。正統派。（男）
・ナレーター、先生、その他
＊ざっくりとしたあらすじ
舞台は１－７．今日も平和に過ごしていた１－７だったが、ある日突然めっちゃ美人の転校生がやってくる。
それを皮切りに、１－７で転校生を巡ったら争いが始まる。
最後に現れたのはだれも予想していなかった人物だった（お客さん）。
果たしてあなたは転校生のハートをげっとすることができるのか。

生徒作成のプロット

実際の映像

(4) エデュスクラムを活用した実践の成果

エデュスクラムを活用したことによる成果を教員と生徒に分けて考えてみました。まず生徒にとっては次の３点が挙げられます。

- **見通しを具体的にもてる。**
- **今の自分たちの状況をグループで共通理解できる。**
- **自分の役割だけではなく、グループ全体のためにできることを考え、行動できるようになる。**

たとえばＴシャツの発注をするために必要なことを生徒が自ら気づき、計画を考えなおすシーンがありましたが、これは見通しを具体的に持てたからに他なりません。作業を進めないとアイテムが動かないため、自分たちのグループの進捗状況も一目瞭然になり、気づけば全体を見て行動する生徒が増えていきました。エデュスクラムを活用した成果です。

同時に教員にとっても、以下の３つの成果がありました、

- **各班の状況を細かく把握できる。**
- **各班やリーダーに的確なアドバイスができる。**
- **活動時間を効率的に確保できる。**

各班の進捗状況が一目瞭然になることで、状況把握はもちろん、各班のリーダーへの助言も状況を把握して実施できるため、より効果的になります。また活動時間を有効に使わせることもできました。

本校では文化祭はもちろん、コア探究での課題研究やその後のプロジェクト化などでプロジェクトマネジメントの力が求められます。国語の論述課題、社会科のグループのプレゼン作成など教科学習でもこうした

力を求められる場面は多くあります。この点でエデュスクラムは本校の学びと親和性が高いと考えます。

また、「定期考査」についても、ある種のプロジェクトと考えることができます。テストに向けてやるべきことを考え、それらを整理して遂行していくマネジメント力は成績に直結します。このように考えるとエデュスクラムは本校だけでなく、全国の高校で役に立つものだと実践を通じて実感しました。実際本校ではエデュスクラムをしっかり活用した生徒の成績は向上していました。

一方でアイテムの質向上とエデュスクラムを定着させるまでのプロセスや意識付けという活用するにあたっての課題も明らかになりました。

今回、エデュスクラムの活用の仕方には大きな差が見られました。上手に活用できた班とそうでなかった班の差は「アイテムを見ればやるべきことがわかり、それを進めることで作業が進んでいく」という実感を持てたかどうかにあったようです。つまり、アイテムに書かれた内容の質と、フリップ上でのアイテムの操作という活用方法の定着の違いが活用の差になっていたのです。

また、エデュスクラムは継続的に活用することが重要です。そのために常に作業の前にタスクの状況を確認し、タスクが終わればアイテムを動かすという作業を自然と行えるまでの定着が必要です。ここでも定着するまでの間は教員による指導が必要です。

最後にエデュスクラムの可能性です。エデュスクラムの活用範囲は広いと考えます。文化祭や課題研究などに活用できることはもちろん、定期考査へ向けての取り組みなどでも活用できます。またクラブ活動や生徒会活動も大勢で頑張る大きなプロジェクトであり、エデュスクラムを活用すれば生徒がより成長しプロジェクトマネジメントの力をつけることが可能です。生徒が自立した学習者に育つためのツールとしてエデュスクラムの可能性は大きいと考えます。

ウィリー先生の学校の生徒のコメント（一部抜粋）

エデュスクラムは私の化学の授業で有益な影響を与えてくれました。作業はより効果的、効率的で、協調が重要な役割を果たします。このような学び方は非常に楽しいです。

はじめに、それぞれの特技やもっている技術に基づいたチームの編成を行いますが、これは、エデュスクラムの重要なポイントだと言えます。他の人から学ぶことができることにより、やる気が起きます。チームの仲間同士で感謝の気持ちが生まれます。

もしチームメンバーが何か理解できなかったら、そこには手助けできる仲間がいます。私たちは自主的に、多くの責任を持ち取り組みます。そしてエデュスクラムを活用しながら、お互いから学習します。

エデュスクラムは、他の人たちのことを知り、相手の才能を評価し、新たな特性を伸ばし、そしてすでに持っている特性を発展させます。私は普段から、自分の可能性に頼りたいので、共同作業があまり好きではありませんでしたが、エデュスクラムが私の価値観を変えてくれました。エデュスクラムは多くのことを学び、また、貢献させてくれるので、自分自身のことを学び、相手のことをしっかり知ることができます。エデュスクラムはチームの責任により、全員がよりよく取り組むことができます。

── 特 別 寄 稿 ──

エデュスクラム開発者

Willy Wijnands先生

Ashram Collegeで化学を担当
HP: eduscrum.nl/en/
Twitter: @eduScrum
LinkedIn: willywijnands

中田先生はじめ、執筆者の先生方からこの原稿の執筆依頼を受け非常に光栄に思います。私たちが初めて出会ったのは、2016年８月22日。 私が勤務するオランダのアシュラム・カレッジ（Ashram college）を訪問して下さった時です。それ以降、スカイプ、ズームなどを利用し、何度かミーティングを行いました。ミーティングを通し、先生方が「アジャイルマインドセット（Agile Mindset）」の考え方によって日本の教育に変化の契機を与えていくために、エデュスクラムの本を出版しようと提案されました。

※訳者注：アジャイル（Agile）とは「機敏な」という意味を持った形容詞です。（あらかじめ決まりきった方法ではなく）状況や関係性などに柔軟かつ機敏に応じて教育実践に取り組んでいこうとする考え方を、ここではアジャイルマインドセットと呼んでいます。eduScrumもAgile Mindsetの考え方を基底に考案されたものです。この考え方の詳細や理念については Agile in Education のウェブサイトに紹介されています。(http://agileineducation.org)

この変化は日本だけで起きているのではなく、世界中の国が望んでいるのです。本書はたいへん良い構成で書かれています。エデュスクラムとアジャイルマインドセットは、理論と理念によって支えられています。これは子どもの自律的な学習の発達、協働的なチームの形成、カリキュラムの開発、学級経営、実際的で生きた学び、学習成果に対する省察と回顧、チームワークの開発や個人の成長につながります。エデュスクラムが「アジャイル」の考え方による教育に向けて素早く変化をもたらしていることを非常に嬉しく思っています。

今まで私が訪問したすべての国の教育システムはほぼ同じです 。アジャイルマインドセットを利用することで、変化を起こせるのです。きっと中田先生たちがその第一ステップを行うことになるでしょう。

どうして エデュスクラムが教育にふさわしいのか？

私は「アジャイル」が早急な教育マーケットの変化のニーズに適切だと信じ

ています。明日の教育システムと教育現場は、これらの変化に対処しなくてはなりません。残念ながら、昔ながらの教育方針はもう時代遅れなのです。昔ながらの教育方針が、マーケットが要求するものとの溝を作ってしまいます。

どうして教育方針を変えなくてはならないのか？

私たちは、コラボレーション、コミュニケーション、批判的な思想、想像力など、21世紀のスキルに特化していく必要があるのです。

私は生徒たちに自分らしさを生かしながら、人間として個性的な成長をしてほしいと思っています。それと同時に、個人単位で働く時代は終わりです。私たちは生徒たちに彼ら自身の優良性と欠点の両方を知ってもらう必要があります。そうすることで、彼らはチームメンバーとして貢献できるようになるのです。

エデュスクラムでは、生徒たちはチームの中で、活発に、効果的に、効率の良い方法で楽しく取り組んでいます。これは生徒たちに各自の学習過程の所有権を与えることで実現されています。中でも重要なことは、信頼です。エデュスクラムを通じて、生徒たちのチームは、短い周期で取り組むことを学びます。生徒たちは、小さな結果を素早く届け、省察を通じて何を学んだかを共有します。

※訳者注：「アジャイル」方式の基本的な考え方は、長大な計画を立てて、それを忠実に実行していくことではなく、短期で実行とレビューを繰り返し、それをすり合わせていくという方法をとります。そのため、「短い周期で」「小さな結果を素早く届ける」と説明されています。

先生は生徒が困っている時や、間違った方向に行ってしまった際のみ手助けします。まず初めに、生徒が何をわかっていないのかを理解させます。それから生徒たちが軌道に戻れるように軽く後押ししてあげましょう。それによって生徒たちは今までに何を理解できていなかったのに気づくのです。新しい知識を身につけることになります。

これが私の思う教育です。これはとても重要なことです。先生が情報の源になるのはもう終わりです。

多くの生徒が、映画館でふんぞり返りたがりますよね。生徒がこの姿勢を授業でも前面に出す必要があります。自分たちが必要とする自由や空間を与えられることによって、自分の行動に責任を持つようになります。

チームで取り組み、お互いから学ぶことにより、生徒たちはより積極的に、有効的に、本質的なやる気を持ちます。また、授業の趣旨を良く理解し、さらに良い成績を残すという効果があります。自分たちがどのような人材なのか、どんな可能性があるのかを理解することで、生徒たちは個性的に、またチームプレーヤーとしても成長することができます。

私の生徒たちは間違いなく早く作業し早く終わります。個人的に物事に取り組むより、もっと多くの達成を得られる優秀なチームで、みんなから必要とされる存在になったら、嬉しくない人はいないでしょう？

エデュスクラムは作業の構造を明確に提供しています。これが分かりやすさと透明性を導きます。同時に、構造の中に自由さと自主性、責任感、創造性を出せるたくさんの場所があります。これは最速で最良、そしてもっとも楽しい学習方法となることでしょう。

その他にも、それぞれがもつ独特な考えと性質に対しての同年代の評価が、前向きな個人成長をもたらします。これが、エデュスクラムが実に有力に機能する一つの理由です。もっとも難しいことは、先生方自身の思考を変えていかなければならないということです。先生方は、生徒たちの力に期待し、信じなければなりません。そして快適な地帯から踏み出さなければなりません。

子どもたちは自身でアジャイルマインドセットを作り上げます。

アジャイルは「すること」ではありません。（あなた自身が）アジャイルの考え方を内包し、それを感じ、そして自分でそれを理解しなければなりません。そうしなければ、うまく成り立ちません。

エデュスクラムは過程よりも行動を重視します。はじめのエデュスクラムプロジェクトは何らかの形で失敗することを覚えておいてください。もしこの新たな取り組み方法の適用が最初から順調に思えたらおかしな話です。あなたがエデュスクラムの授業を始める時は、恐らくあなたにとって新たな冒険に出かけることになるでしょう。失敗を重ね、それを生かし、学んでいきます。私はスクラム、エデュスクラム、そしてアジャイル方法が大きな革命を起こすと心から信じています。教育方針は変化しなければなりません。今が変化の時なのです。自分を信じ、一つ一つの新たなプロジェクトに確信をもってください。それによって、新たな状況に慣れるようになるでしょう。失敗を重ね、自身を許し、学んでください。同じことをあなたの生徒にもしてあげてください。

また、あなたの生徒たちに自分自身を信じて良いということ、できるだけ多くの失敗をしていいということを伝えてあげてください。早めに失敗したほうがより望ましいのです。生徒たちはそこから学び、確実に調整をする時間をもちます。

あなたと生徒が信頼できる雰囲気の中でチームとして取り組んでさえいれば、全てうまくいくでしょう。エデュスクラムは合気道のように単純ですが、簡単ではありません。

※訳者注：本稿の執筆者は合気道の熟練者で、それに喩えています。

エデュスクラムを中途半端に行うことはできません。一つ一つ部分に理由があるのです。もしエデュスクラムの一要素があなたの状況を良くできるとするならば、間違いなくそれを適用するのが賢いと思います。よいのです。しかし、これであなたの教育法がエデュスクラムになるわけではありません。

エデュスクラムはあなたが常に正しい方法で取り込んでいくことを助けてくれます。そして、たとえ障害があってもあなたはそれらを排除（除去）することができます。あなたが何をしても、どのように応用するにしても、すべての要素を使って下さい。これは、先の見えないゲームとも言えるでしょう。もしかしたら、部分的に適用するのは危険なゲームとなるかもしれません。でも、もしあなたがエデュスクラムの一部が役に立ちそうと思うなら、気軽に使ってください。しかし、エデュスクラムの一部を利用し、役に立つことはありますが、すべての要素を利用したほうが間違いなく良い働きをします。

先生と生徒たちにアジャイルマインドセットをもたらすときです。前に進み、生徒と共に失敗し、一緒に学んでいきましょう。

生徒たちは、エデュスクラムのポジティブな側面を教えてくれます。そして、年を重ねるごとに、ますます生徒はこの学習方法を心地よく感じると言ってくれています。

私は、本書を読まれた先生方が、触発され、教育に対する変化の契機を得ることを願っています。

あなたがエデュスクラムに熱中し、本書を共著した人たちの支援によって日本の教育のあり方が変わっていくことを願っています。

我々のゴールは生徒たちが生涯にわたる学習を楽しみ、幸せな人間になってくれることです。

4
ポジティブで、リフレクティブな学習者を育てる

アクティブ・ラーナーを育てる

アクティブ・ラーニングの視点からの授業改善は、子どもたちが、より主体的、対話的で深い学びを実現していけるような授業づくりを目指しています。これを受け、今、多くの先生方が、工夫・改善の取り組みを進めています。さらに、ポジティブでリフレクティブな子どもたちを育成していくには、子どもたち自身をアクティブ・ラーナーに育てていくという視点が欠かせません。本節では、こうした視点からの授業改善について提案します。

(1) アクティブ・ラーニングは何のため?

2017年に、イギリス・ロンドンにあるウエスト・アクトン小学校(West Acton Primary school)を訪問しましたが、その時、校舎のいろいろなところに、5人のヒーロー(ウェスト・アクトン・ヒーローズ)を描いたプレートが掲示されていました。この5人は、次のような力を持ったヒーローたちです。

I challenge myself
（自分自身に挑戦を課す）

I am resilient
（困難を前にしても
折れずに取り組む）

I am an evaluator
（自ら評価者になる）

I make connections
（つながりをつくる）

I take risks
（リスクから逃げない）

校長先生にプレートに描かれた絵の意味を尋ねたところ、本校では、日々の学習指導を通じて、一人一人の子どもたちに、５人のヒーローのような力を育てていくこと目指しているとのことでした。

「困難を前にしても折れずに取り組む」「リスクから逃げない」などの表現は、日本の学校ではあまり用いないように思いますが、改めてこのヒーローの姿を見つめてみると、日本の学校教育にもとても示唆的であると感じます。５つの力を併せ持った子どもたちは、まさに「学びに向かう力を持った子どもたち」と言うことができないでしょうか。

そこでまず、アクティブ・ラーニングと学力の関係について、全国学力学習状況調査の結果からみてみたいと思います。

(2) 全国学力学習状況調査が語るもの―2019年質問紙調査より―

■当てはまる　■どちらかといえば、当てはまる　■どちらかといえば、当てはまらない
□当てはまらない　□その他　▨無回答

Q.学級の友だちと（生徒）の間で話し合う活動を通じて、自分の考えを深めたり、広げたりすることができていると思いますか（質問番号小：29、中：32）

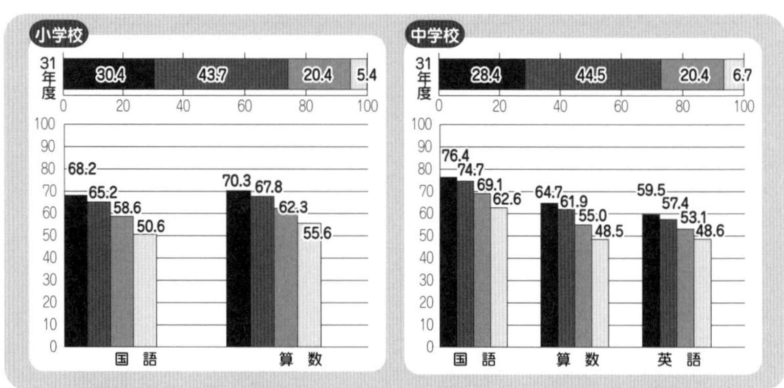

Q.総合的な学習の時間では、自分で課題を立てて情報を集め整理して、調べたことを発表するなどの学習活動に取り組んでいると思いますか（質問番号小：31、中：34）

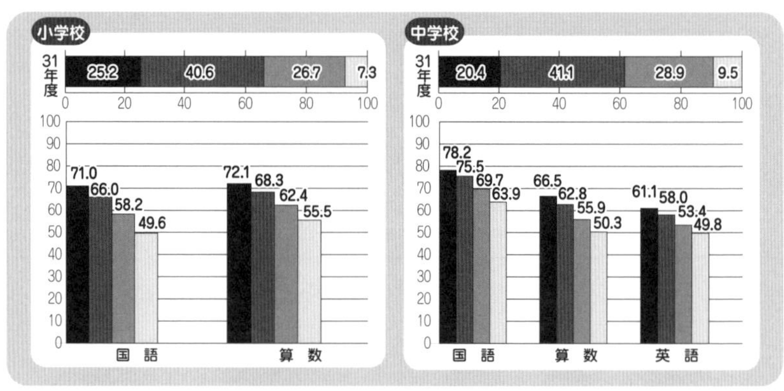

Q. 5年生まで（1、2年生の時）に受けた授業では、課題の解決に向けて、自分で考え、自分から取り組んでいたと思いますか（質問番号小：35、中：37）

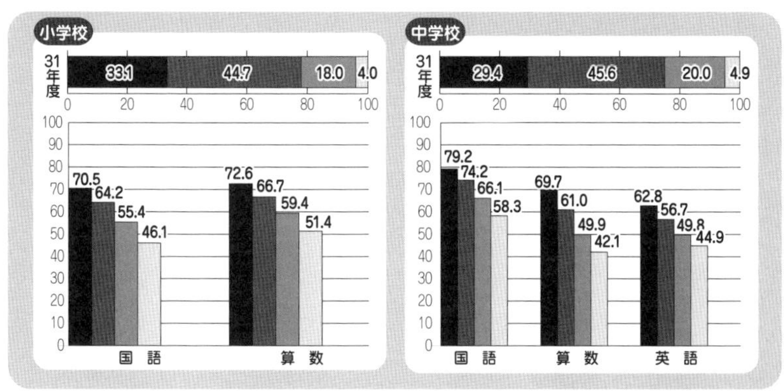

136～137ページのデータは、2019年全国学力学習状況調査の質問紙調査「主体的・対話的で深い学びの視点からの授業改善に関する取組状況」（全８項目）から、３項目を取り上げたものです。質問項目ごとに学力調査の結果とのクロス集計が行われています。関心のある方はぜひ国立教育政策研究所のホームページからご覧になってみるといいでしょう。

さて、クロス集計の結果は、３項目とも、質問項目に対して肯定的な回答をした子どもたちの方が、学力調査のポイントが高くなっていました。

特に３つ目に挙げた質問項目「５年生まで（１、２年生の時）に受けた授業では、課題の解決に向けて、自分で考え、自分から取り組んでいたと思いますか」については、「当てはまる」と回答した子どもたちは、「当てはまらない」と回答した子どもたちよりも、20ポイント以上高い得点を取っていました（中学校英語は17.9ポイント）。

３つのデータだけで、アクティブ・ラーニングと学力の関係のすべてを語ることはできませんが、子どもたちが、自ら課題を持ち、主体的にその解決を図ろうとする授業は、学力向上の面からみても重要であることが分かります。

しかしその授業とは、活発な学習が展開できるように、その場その場で面白いトピックやツール等を提供し、子どもたちに行わせていくというものではなく、自らの課題意識や追究意欲を土台に、粘り強く学んでいくことができる子どもを育成できる授業であると考えます。そこには、学習対象に主体的に関わり、見出した課題の解決に向けて、試行錯誤したり、意見を交わしたりしながら追究していく力が必要です。もちろん友達と協働する場面も出てくるでしょう。それこそがアクティブ・ラーナーであると考えます。このような授業を実現するには、当然のことながら、ファシリテーターとしての教師の役割が今まで以上に重要になってきます。

(3) アクティブ・ラーナーを育てるための授業づくり

アクティブ・ラーナーを育てる授業の条件とは、どのようなものでしょう。

大規模データを基に、実証的に研究したものとして2015年７月に実施した東京大学中原淳研究室を中心に行われた調査研究２）があります。

この調査は、高校におけるアクティブ・ラーニングの視点に立った参加型授業の実態把握を目的に、校長、教科主任、教員を対象に行われました。

回答学校数2414校（対象校数3,893校、回収率62.0％）

・校長調査　　　　2,371票（配布数3,893票、回収率60.9％）

・教科主任調査　11,486票（配布数19,465票、回収率59.0％）

・教員調査　　　　5,177票（配布数19,465票、回収率26.6％）

この調査の中で、効果的な授業を生み出すために踏まえておきたいポイントとして、以下の５点が明らかにされています。

① 授業を社会につなげよう

② 「何を学んだのか」を生徒に考えさせよう

③ 使えるものはなんでも使おう

④ きちんと評価して授業の改善につなげよう

⑤ 学校全体でアクティブ・ラーナーの育成に取り組もう

①は、**課題の設定の仕方、目的のもたせ方**と強く関連した項目です。

分析結果を見ると、教科で学習していることが社会でどのように役立つかを意識しながら指導する授業の方が、思考・表現力や課題解決力などすべての効果が高くなっています。学習者にとって有意味な課題を用意し、学習の有用性を意識させることは、近年、学んだことを社会でどのように生かすかという視点から、オーセンティックな学習（＝真正の学習）として注目されています。本分析結果には、そのことを裏付ける一面もあると言えるでしょう。

では、単元（題材）の導入で、どのような課題を設定し、学習への目的を意識させるか、また、学習の終末では、学んだことをどのように生かしていくかなどの検討が重要になると思います。

②は、**学習の振り返り**と強く関連する項目です。

分析では、自らの学びを振り返り、思考を整理したり、言語化したり、学びを明確化したりすることを重視した授業の方が、意見発表、意見交換などの効果が高まり、協働性が高まるということが明らかになっています。逆に、意見発表や意見交換の時間を多く取りつつも学習の振り返りを実施しない授業では、効果が低下してしまうというデータも出ています。

さらに言えば、**振り返りの質**も大切です。**学習の理解度に関する振り返りはもちろんのこと、学習したことをきちんと意味づけできているか、さらに、今自分たちは課題解決過程のどの段階にいるかといったことを確認する振り返り**が重要になります。中高生ならば、授業の終末に先生の指示に促されて振り返りを行うばかりでなく、学習のプロセスを自ら俯瞰的に見つめながら学習の軌跡を振り返り、先に生かしていくような学び方が必要になります。

③は、**授業にかかる人的・物的環境整備**と強く関連する項目です。

アクティブ・ラーニングの阻害要因として、「生徒の学習態度に関する悩み」が挙げられることが多くあります。しかし、分析では、「生徒の学習態度に関する悩み」を抱えた進路多様校の中にも、アクティブ・ラーニングの効果を実感している学校があり、そこでは、「関係者の理解の獲得」「公的支援の獲得」「校外リソースの活用」などにより参加型授業による効果を実感することができていることが明らかになっています。授業の中で生徒の提案を受け入れたり、それを管理職や保護者が理解し、地域コミュニティや企業等の協力も得ながら学習環境を整えたりしていくことの重要性の指摘です。まさに**学校全体のカリキュラム・マネジメント、教師の協働的なデザイン**の姿と言えましょう。

④は、**学習の過程や成果に対する評価**と強く関わる項目です。

分析では、参加型学習の結果やプロセスを評価したほうが、評価しないよりも学習の効果が高くなっていることが明らかになっています。評価するには、当然、何を目指しているのかという目的が必要です。つまり、評価するということは、教師も**授業の目的や実施する学習活動のねらいを明らかにしていくこと**につながります。作品やレポートなどの成果物での評価とともに、プロセスにおけるパフォーマンス評価等の開発も大切になってくるでしょう。生徒とともに**授業のねらいとゴールを共有することや、学習プロセスを支える形成的評価とそのフィードバック、そして最終的な学習成果に対する評価は、生徒の学びを価値づけ、高めていくこと、授業改善を図ること**に直結する大切な取り組みと言えます。

⑤は、**カリキュラム・マネジメント**と強く関連する項目です。

分析では、カリキュラム・マネジメントに取り組んでいる学校ほど、高い効果を実感していることが明らかになっています。つまり、**アクティブ・ラーナーを育成するにはどうすればいいかを組織として考えいくこと**が重要だと言えるでしょう。小中高等学校、それぞれにおいてどのような児童生徒を育成しようとするかは、教育課程編成の根幹にかかわることです。アクティブ・ラーニングの実践やアクティブ・ラーナー育成への志向は、１人の先生だけ、１つの教科や学級だけではないはずです。

学校の教育目標の実現のために、**教育課程を編成、実施、評価し、改善を図るという一連のサイクルを組織的に推進すること、授業実践においては、教科横断的な視点から、教師協働による授業デザインが展開されていくこと**が重要になってきます。

高校の先生方を対象とした調査ですが、その分析結果は、小中学校の先生方にも多くの示唆を提供してくれます。

(4) 教室をラーニング・スペースにする

教室はティーチング・スペースなのか、ラーニング・スペースなのか……こんな質問を先生方に投げかけると、おそらく「その両方」というお答えが返ってくるのかもしれません。

ただ、小中学校で授業を参観させていただくと、1単位時間、自席に座って、教師の指示に従って作業に取り組んだり、問いかけに対して、分かった子どもたちが挙手をし、指名されて発言したりするというスタイルを見ることも少なくありません。

教師の指示によく従い、ルールを守って学習を進めている印象がある一方で、分からなくてもじっとしている子どもたち、困っていても声を出さない子どもたちのことが気になります。

・人は道具（ツール）を使って学ぶ。止めているのは先生？

今日、何か分からないこと、知りたいことがあると、多くの人は、スマートフォンを利用し、瞬時にいろいろな情報を集め、疑問を解くことが可能です。分からない、知らないなどの問題場面に出会ったとき、過去の経験や既習事項で解ける場合もありますが、そうでないこともたくさんあります。その時、先ほどのスマートフォンだけでなく、周囲にいる人も活用します。「ねえねえ、これどうやるんだっけ」といった会話は、職員室でも家庭でもよく聞かれます。ロシアの心理学者ヴィゴツキーは、人間は、他の動物と違って、道具を使うことで行動範囲を広げることができ、その活動の半径は無限に広がると言います。子どもたちにとって、教科書や参考書などは学習を進める上で重要な道具になります。また、子どもたちの主体的な学びを支えるために、付箋やグループ作業に適したボード、さらにはタブレット等のICTなど、様々な道具が学習ツールとして利用されています。しかし、これらは、子どもたちのニーズと言うよりは、教師が決めた場面、時間等だけで活用していることも少なくありません。もちろん学習効果を考えてのことです。

真に、学び手である子どもたちが、主体的に学びを進めていけるようにするには、例えば、授業のある場面は、子どもたちが必要なツールや方法、時間等を自分たちで考え、選んで使えるようにするなど、学習への取り組ませ方にも工夫が必要です。教師に与えられるのではなく、自分たちで選択・判断するということは、責任を伴います。学びの責任は自分たちにあるということに気づかせることは、自律的な学習者を育成するうえで大切です。「先生、私たちは、グループになって問題を考えたいのでホワイトボードを貸してください」などとみんなが言えるようになってきたら、それはアクティブ・ラーナーが育っている教室のように思います。

・学習環境をデザインするという発想
──授業づくりや振り返りの視点を広げる──

学習環境デザインを研究する美馬・山内（2005）は、学びを楽しい知的探究の活動とすることが大切であるとし、「空間」「活動」「共同体」の３要素で、学習環境をデザインすることを提案しています。ここでの「デザイン」には、目的、対象、要因、そこへ至るまでのプロセスなどを意識した活動と言う意味が込められています。３つの要素の概要を見てみます。

学習環境デザインの中で、最初に考えるのは**「活動」**です。学習が生まれる可能性が高い活動のアイデアを考えますが、そこには、明快な活動の目標や活動そのものの面白さ、さらには葛藤の要素などが含まれます。

「空間」とは、その活動を支える場のありかたであり、参加者にとって居心地がよい空間であること、必要な情報や物が適切なときに入手できること、仲間とのコミュニケーションが容易に行えることなどが含まれます。

そして**「共同体」**は、人と人の間の関係（学校でいえば、友達や先生などのとの関係）になりますが、そこには目標の共有、全員に参加の機会を保証すること、新しい人が入ってきても参加しやすいように様々な資料を整えておくこと（ライブラリー）などが含まれます。

学校では盛んに授業研究が行われ、子どもたちが主体的に学ぶ授業づくりや協議会を通じた指導改善、指導力向上に取り組まれています。これまでのこうした取り組みの成果を大切にしつつ、「アクティブ・ラーナーを育成する」という視点を授業づくりや授業の振り返りの視点に加えてみてはどうでしょうか。

先ほどの美馬らの研究を参考にすると、アクティブ・ラーナーを育成するために、学びの空間や活動、共同体の質的な側面からも議論を広げていくことが効果的だと思います。例えば、研究授業に向けての授業づくりの場面を例にしてみると、**図1**のような会話がそれにあたると思います。

学習環境デザインという発想は、授業づくりの視点、授業後の振り返りの視点を拡張するのにも役立ちます。

図１　学習環境デザインの視点を取り入れた授業づくりの話し合い場面の例

〈引用・参考文献〉

・文部科学省　国立教育政策研究所『平成31年度（令和元年度）　全国学力・学習状況調査報告書』2019年。
・山辺恵理子、木村充、中原淳　編著『ひとはもともとアクティブ・ラーナー！ ── 未来を育てる高校の授業づくり』2017、北大路書房。
・ヴィゴツキー著、柴田義松監訳『文化的一歴史的精神発達の理論』学文社、2005年。
・美馬のゆり、山内祐平『「未来の学び」をデザインする　空間・活動・共同体』東京大学出版会、2005年。

資質・能力の育成と学習評価
―「学びに向かう力、人間性等」に焦点を当てて―

資質・能力の育成を目指した教育の実現には、具体的な授業の展開とともに、子どもたちの学習状況を的確に捉え、再び授業改善に生かしていくことが重要になります。非認知的能力の側面を持ち、学びのエンジンともなる「学びに向かう力、人間性等」は、どのように評価していけばいいのでしょうか。

(1) 学習評価の意味

2016年12月の中央教育審議会答申「幼稚園、小学校、中学校、高等学校及び特別支援学校の学習指導要領等の改善及び必要な方策等について」(以下「2016答申」と言う) では、学習評価は、「学校における教育活動に関し、児童生徒の学習状況を評価するもの」としたうえで、教師の指導改善、あるいは、子どもたちが自らの学びを振り返り次の学びに向かうことができるようにするという側面から、学習評価の在り方の重要性を指摘しています。もちろん、学習評価は、家庭へ連絡や上級学校への進学の資料としても活用されるわけですから、評価における妥当性・信頼性の担保は、従前より重要な課題となっていることは、周知のことでしょう。

また、2016答申では、学習評価については、子どもの学びの評価にとどまらず、カリキュラム・マネジメントの中で、教育課程や学習・指導方法の評価と結びつけ、子どもたちの学びにかかわる学習評価の改善を、さらに教育課程や学習・指導の改善に発展・展開させ、授業改善及び組織運営の改善に向けた学校教育全体のサイクルに位置付けていくことが必要であると提言しています。

カリキュラム・マネジメントについては、次の３つの側面から定義されました（2017年版学習指導要領解説 総則編）。

○児童生徒や学校、地域の実態を適切に把握し、教育の目的や目標の実現に必要な教育の内容等を教科等横断的な視点で組み立てていくこと

○教育課程の実施状況を評価してその改善を図っていくこと

○教育課程の実施に必要な人的又は物的な体制を確保するとともにその改善を図っていくこと

カリキュム・マネジメントには、教育課程の編成・実施がより効果的に進められるために、評価・改善のシステムを取り入れていると解釈すると、教育課程の編成にしても、また各教科等における授業づくりにおいても、その作業は評価から始まると考えることができます。

(2) 育成すべき資質・能力にあった評価方法を活用する

子どもたちの資質・能力の育成を目指す教育においては、学習評価の在り方そのものにも改善が期待されます。2019年１月の中央教育審議会初等中等教育分科会 教育課程部会報告「児童生徒の学習評価の在り方について」（以下「2019報告」と言う）によると、学習評価はこれまで

同様に、観点別学習状況の評価を基本としています。同報告に示された例やこれまでの学校での取り組みなどから、それぞれの評価観点で活用できそうな方法をピックアップしてみたのが**図２**です。大切にしたいのは、**育成すべき資質・能力にあった評価方法を活用する**ということです。

それは、資質・能力の３つの柱から考えることができるでしょう。

・何を理解しているか、何ができるか（生きて働く「知識・技能」の習得）

・理解していること・できることをどう使うか（未知の状況に対応できる「思考力・判断力・表現力等」の育成）

・どのように社会・世界と関わり、よりよい人生を送るか（学びを人生や社会に生かそうとする「学びに向かう力、人間性等」の涵養）

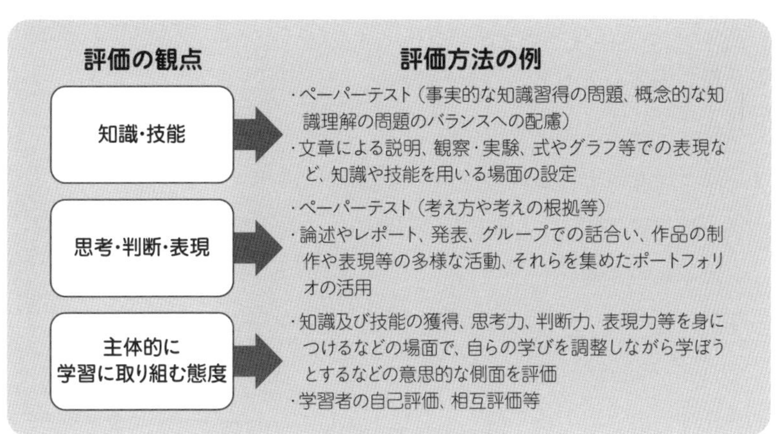

図２　評価の観点と評価方法の例（2019報告より）

もちろん、各教科・領域は、それぞれ固有の目標と内容を持ち、実施する単元（題材）に応じた目標や評価規準が作成されていきます。しかし、学校教育全体を通じて、先の３つの資質・能力を育成することを目指していることから、それぞれの評価観点が何を目指すのか、目指すものを評価するにはどのような方法がよいかを検討する必要があるでしょう。

(3) 学びに向かう力、人間性等の育成と学習評価

・「主体的に学習に取り組む態度」は、観点別評価と個人内評価で

2017年版（高等学校は2018年）学習指導要領下における評価の観点は、各教科を通じてこれまでの４観点評価から、「知識・技能」「思考・判断・表現」「主体的に学習に取り組む態度」の３観点評価に変わりました。

そして、「学びに向かう力、人間性等」については、**「主体的に学習に取り組む態度」として、「観点別評価」と「個人内評価」によって評価**されることになります。2019報告をもとに、その内実を見てみると、まず、観点別評価の対象は次の２つの側面があります。

①「知識及び技能」「思考力、判断力、表現力等」の獲得に粘り強く取り組む側面

②①の粘り強い取り組みを行う中で、自らの学習を調整する側面

そして、観点別評価や評定になじまない、個人の良い点や可能性、進歩の状況等については、個人内評価を通じて見取ることとされました。

2019報告等を参考に、学習評価のイメージを全体的に示したのが**図３**です。「学びに向かう力、人間性等」は、「主体的に学習に取り組む態度」という評価の観点となり、その観点の中でも、観点別評価の対象と

するものと、個人の良い点や可能性、進歩の状況などのように個人内評価の対象とするものに分かれていることを、図式化してあります。

さて、ここで新たに、**「自らの学習を調整」**するという側面が出てきます。これは、子どもたちが何をすることを指すのでしょうか。

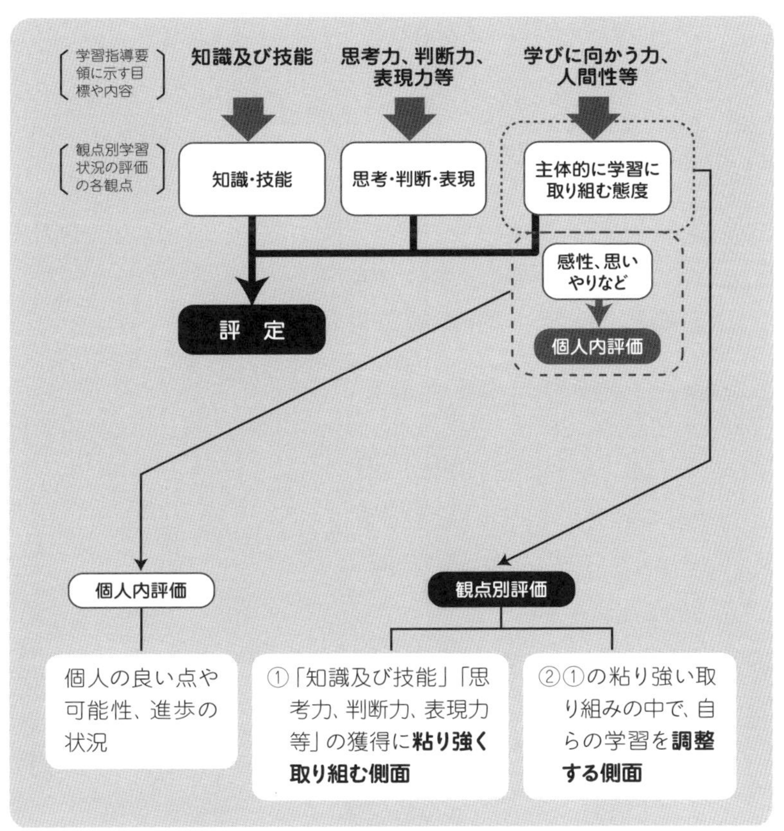

図3　新しい学習指導要領の下での「主体的に学習に取り組む態度」の評価

ここでは、実際に学校で参観してきた授業の様子から整理してみます。

まず、子どもたちが、粘り強い取り組みを行う中で、**「自ら学習を調整」**する対象は、１つは、自分たちの**「学習の過程（進み具合）」**という側面、そしてもう１つには**「学習の質（成果）」**という側面があることが分かります。

１つ目の**「学習の過程（進み具合）」**については、学びの主体である子どもたちが、自分あるいは自分たちの学習の進捗状況をメタレベルで捉え、必要に応じてその調整を図るということを意味します。

例えば、「合唱コンクールまであと１週間しかないけど、僕たちのパートはまだ完成できていないから、放課後に練習しようよ」や、小学校低学年の生活科での「先生、秋祭りの準備はもう少し時間が必要です」などの発言は、いずれも学習の目的と見通しを持ち、学びの過程や成果をメタレベルで捉え、調整しようとしている表現と言えます。もちろん「今日は、沖縄の家のつくりを調べたから、明日はいよいよ気候条件を生かした産業についての学習だね」などの発言のように、順調に進んでいるときの発言もあるでしょう。

そしてもう１つの**「学習の質（成果）」**については、自分（あるいは自分たち）の調べたこと、考えたことなどを相対化し、他者との対話を通じて、その向上や改善を図ることです。「これでできた、終わり」と判断する前に、「自分の考えはどうなんだろう」「友達はどのように考えているのだろう」と、対話等を通じて質的な向上や改善を図る取り組みです。水泳の学習で、クロールで泳げるようになるために、自分と友達のフォームをビデオ等で比べながら、よりよく改善していこうとする活動もこれにあたります。こうした場面は、当然、粘り強い取り組みの中で現れてくると考えられます。

(4)「主体的に学習に取り組む態度」の評価をどのように進めるか

ここでは「主体的に学習に取り組む態度」の評価は、どのように進めればよいか、3点に絞って紹介します。

・「知識及び技能」「思考力、判断力、表現力等」を身に付ける場面での取り組みを大切に見取る

そもそも、「学びに向かう力、人間性等」は、他の二つの資質・能力(「知識及び技能」「思考力、判断力、表現力等」)をどのような方向性で働かせるかを方向付ける重要な資質・能力とされています。

ということは、**観点「主体的に学習に取り組む態度」は、それだけを取り出して評価するのではなく、むしろ、子どもたちが、知識及び技能、思考力、判断力、表現力等を身に付ける場面で評価する**ことのほうが適切と言えるでしょう。

例えば、次のような姿を評価することができます。

・学習課題の解決を目指して、粘り強く調べ、ノートにまとめる姿(知識及び技能を身に付けようとする場面で)

・グループでの話し合いに積極的に参加し、それぞれが調べたことの共通点を、粘り強く見出そうとする姿(思考力、判断力、表現力等を身に付けようとする場面で)

・友達との対話の中で、他者の考えを踏まえて、自らの考えを修正し

たり、よりよくしようとしたりする姿（自らの学習を調整しようとする場面で）

このような評価は、学びに向かう取り組みにフィードバックされると同時に、知識及び技能の習得や思考力、判断力、表現力等の育成にもポジティブに影響を与えることが期待されます。

・課題解決的な学習過程の中でこそ評価が可能

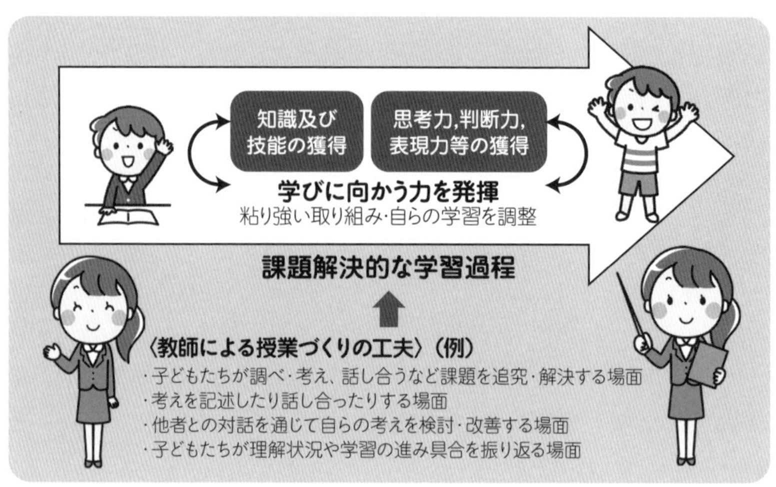

図４　学習過程を通じた「主体的に学習に取り組む態度」の評価

考える力を育てるには、「考えるべき内容（問い）」、そして子どもたち自身が「考える場面」、さらには、適切な「考え方の指導」が必要になります。学びに向かう力、人間性等の育成も同様であり、子どもたちが、課題意識を持ち、見通しを立て、その解決に向かって粘り強く取り組めるような授業を構想していく必要があります。**図４**には、教師が授業づくりを進める際の工夫点を、いくつかの場面として示してみました。

子どもたちは、学習に一人で取り組む場合もあれば、グループ共同で取り組む場合もあるでしょうが、どちらの場合でも、課題解決的な学習においては、追究過程での試行錯誤があったり、当初計画の見直し・変更などが起きたりすることが予想されます。まさに主体的に学習に取り組む態度は、課題解決的な学習過程において発揮され、育成されると言えます。同時に、観点「主体的に学習に取り組む態度」を学習の過程において形成的に評価し、子どもたちにフィードバックしていきたいものです。このことは、結果としての知識及び技能の習得、思考力、判断力、表現力等の育成にも深く関わってくると思います。

・学習の見通しを立てたり、振り返ったりする活動が欠かせない

何のために、何を、どのような方法で学ぶのかが分からないと、学習に対してなかなか主体的にはなれないものです。そのためには、学びの目的、解決すべき問い、さらには追究方法などを明らかにしておくことが大切です。また、学習過程のところどころで、自分たちの学習の進み具合や得られた成果を振り返り、再度見通しを立てるなどの活動が、学びの質を上げるうえで欠かせません。近年、学校で参観する授業の多くで、終末に「振り返り」が行われています。学習感想と言ったり、リフレクションと言ったりする場合もあり、表現は様々なようです。

しかし、その内実を見てみると、子どもたちが何を書いてよいか分からない、あるいは書いたことが、次の学習に必ずしもつながらない「振り返り」も見受けられます（**図5**）。

図5　ありがちな偽リフレクション

そこで、授業終末の振り返りでは、２つの内容について振り返りを行ってみてはどうでしょうか（図6）。

図6　各時間または単元（題材）の終末における学習の振り返り

1つは、学びの文脈化を図るという振り返りです。何を調べ、どんなことを話し合い、何を考えた・分かった、ということを文章にします。既にこうした振り返りはよく行われているように思います。

もう1つは、現在、課題解決のどこにいるか、次は何をするのかという過程に対するメタ認知的な振り返りです。この振り返りは、コントロールを伴い、必要に応じて、「家庭でやってこよう」「グループで練習しよう」などと、学びに対する責任を伴った行為につながっていきます。

子どもたちには、これら2項目について書くように指導しますが、慣れてくると無理なく書けるようになります。小学校低学年では、1つ目の項目を2行ぐらい、2つ目の項目も2行ぐらいで書いてみようと促すと、案外書けるものです。

・ポジティブでリフレクティブな学習者を育てるためには、感性、思いやりなど、個人内評価を通じて見取る部分を大切にする！

「学びに向かう力、人間性等」は、「知識及び技能」「思考力、判断力、表現力等」の育成をする上で、とても大切な資質・能力です。学習指導の評価では、「主体的に学習に取り組む態度」という観点で、主に、粘り強い取り組み、自己調整にかかる部分を観点別学習状況として、そして、個人の進歩や頑張りなどは、個人内評価を中心に行います。

しかし、個人の良さや可能性、進歩は、粘り強く物事を進めていくうえで、無縁ではありません。小さな変化や成長を褒めてもらうことは、学びを進めていく動機にもつながるものです。

教育心理学者の鹿毛雅治によると、動機を規定する個人内の心理学的要因は、「認知」「感情」「欲求」の３つと考えられているそうです。

１つ目の「認知」は、認知内容（意識や信念など）と認知プロセス（推論、判断など）を指すと言います。具体的な学習場面で考えてみると、例えば「自分の進路には英語が重要だ」「英語ができれば留学もできる」といった意識や信念、「この資料は調べるのに役立ちそうだ」といった、認識などを持つことが学習意欲の向上につながると考えられます。

２つ目の「感情」については、例えば、私たちの行為が「楽しい・苦しい（怖い）」、「好き・嫌い」という感情に左右されるように、動機づけを促すうえで、この要素はとても大切になると言います。確かに、楽しい経験は長く続いて欲しいと感じますし、あることについて嫌な経験が積み重なると、その名前を聞いただけで逃げ出したくなることがあります。

３つ目の「欲求」については、「人を行動に駆り立てて、その行動を方向づける働きをもつ比較的安定した心理的エネルギー」のことを指すと言います。具体的には、「良い点を取って認められたい」、「先生に褒められたい」といったことがその例として挙げられるでしょう。心理的欲求が学習意欲に影響していることが頷けます。

ただ、鹿毛氏によれば、これら３つの要素は、独立して機能するわけではなく、それぞれに影響し合うものであり、そこには有機的なつながりがあると考えるべきと言います。具体的に考えてみると、例えば、理科の観察レポートを仕上げて先生に褒められたいという「欲求」が、この資料を使えばまとめられそうだという「認知」と結びつき、友達と相談しながら進めると楽しいという「感情」とつながり、それらが有機的につながって粘り強く学習に取り組むことにつながることなどもあるでしょう。さらに、先生に褒められた、小さな進歩を評価してくれたという経験が、いっそう粘り強く取り組むことにつながることが考えられます。

このような学び方は、子どもたちが教師の説明をずっと聞いているスタイルの授業ではなく、主体的に取り組める課題解決的な学習の中でこそ発揮されると思いますが、同時に、**個人内評価を大切にすることの意味**を改めて教えてくれているように思います。

褒める、認めるという行為（評価）は、多くの場合、一人一人の子どもの個性や学習への取り組み、成果等を捉えて行われます。確かに観点別評価・評定になじまないものですが、一人一人の学習動機を高めることにつながる大切な評価であり、**個人内評価を大切にすることは、ポジティブでリフレクティブな学習者を育成することにつながる**と考えます。

〈引用・参考文献〉

- 中央教育審議会「幼稚園、小学校、中学校、高等学校及び特別支援学校の学習指導要領等の改善及び必要な方策等について（答申）」2016年12月。
- 中央教育審議会初等中等教育分科会教育課程部会「児童生徒の学習評価の在り方について　報告」2019年1月。
- 梶田叡一『教育評価』有斐閣双書、2010年（第2版補訂版第1版）。
- 鹿毛雅治『学習意欲の理論　動機づけの教育心理学』金子書房、2013年、11～23ページ。

ポジティブ&リフレクティブな子どもを育てる授業づくり

「学びに向かう力」を発揮し、
協働的に学ぶエデュスクラム

2020年10月14日　初版発行

編著者　中田　正弘
発行人　花岡　萬之
発行所　学事出版株式会社
〒101-0021
東京都千代田区外神田2-2-3
電話　03-3255-5471
HPアドレス　http://www.gakuji.co.jp/

編集担当　二井　豪
デザイン　田口亜子
制作協力　上田　宙（烏有書林）
印刷・製本　電算印刷株式会社

ISBN 978-4-7619-2645-8　C3037